Das Alphabet

		名 称	音 価						名 称	音 価	
A	a	[aː]	[aː]	[a]		Ä	ä	[ɛː]		[ɛː]	[ɛ]
B	b	[beː]	[b]	[p]							
C	c	[tseː]	[k]								
D	d	[deː]	[d]	[t]							
E	e	[eː]	[eː]	[ɛ]	[ə]						
F	f	[ɛf]	[f]								
G	g	[geː]	[g]	[k]							
H	h	[haː]	[h]	[ː]							
I	i	[iː]	[iː]	[i]	[ɪ]						
J	j	[jɔt]	[j]								
K	k	[kaː]	[k]								
L	l	[ɛl]	[l]								
M	m	[ɛm]	[m]								
N	n	[ɛn]	[n]								
O	o	[oː]	[oː]	[ɔ]		Ö	ö	[øː]		[øː]	[œ]
P	p	[peː]	[p]								
Q	q	[kuː]	[kv] (← qu)								
R	r	[ɛr]	[r]								
S	s	[ɛs]	[s]	[z]							
T	t	[teː]	[t]								
U	u	[uː]	[uː]	[ʊ]		Ü	ü	[yː]		[yː]	[ʏ]
V	v	[faʊ]	[f] まれに [v]								
W	w	[veː]	[v]								
X	x	[ɪks]	[ks]								
Y	y	[ýpsilɔn]	[yː]	[ʏ]							
Z	z	[tsɛt]	[ts]								
	ß	[ɛstsɛ́t]	[s]								

Takashi YOSHIHARA

Hiroshi NAKAGAWA

HAKUSUISHA

─── 音声ダウンロード ───

付属CDと同じ内容を、白水社ホームページ(https://www.hakusuisha.co.jp/download/)からダウンロードすることができます。(お問い合わせ先：text@hakusuisha.co.jp)

吹込者： Anna-Juliane Schulze
吹込箇所：発音、各課例文、練習問題、巻末付録

イラスト　藤田ひおこ
装丁・本文レイアウト　株式会社エディポック＋株式会社ELENA Lab.

学生のみなさんへ

　この教科書は、初めてドイツ語を学ぶみなさんが、ドイツ語の初級文法をできるだけ効果的に習得できるよう作られたものです。文法事項を精選し、前の課で学んだことが次の課の文法事項にうまくバトンタッチできるよう、課の順序も工夫しました。

　また、初学者がしばしば頭を悩ますドイツ語の語順については、この教科書を通して、ドイツ語の語順は、まず日本語の語順と同じように並べ、そのうえで最後の語をドイツ語の規則にしたがって移動させる、と説明しています。この背景には、ドイツ語の不定詞句の語順が日本語の語順とかなり近いという認識があります。そのため、本書では、第3課をこの語順の説明にあてました。とはいえ、この説明には、便宜的な説明にともなう欠点もあります。しかし細かな規則にこだわって全体の見通しを悪くするよりも、あえて便宜的な方法を用いて、初級ドイツ語文法の基本的な構造をわかりやすくするように努めました。

　文法事項を精選し13課にまとめましたので、一年間のカリキュラムで、余裕をもって学習することが可能です。扱われる文法事項は英語にたとえて言えば、中学一年から高校一年の一学期くらいまでの勉強に相当します。これだけの文法事項を一年間で終わらせようというのですから、各課とも確実に習得していくことが必要です。そのために、本書では、ミニ練習を説明のなかに組み入れ、学習事項を確認してから次に進めるように配慮いたしました。また学習者が、ひとりで復習、予習ができるように、すこし細かな説明も加えています。

　ドイツ語検定対策として、各課の練習問題の後に、「独検にチャレンジ」を付けました。また巻末には検定試験に頻出する表現や語彙を集めましたので、付属音声を活用し、聞き取りの練習にも利用してください。

　新しい語学をはじめるには、最初が肝心です。本書で言うと、5課までが土台作りにあたります。土台がしっかりしていないと、さらに上に積み上げることはできません。まずは5課まで、手を抜かず勉強してください。土台さえきちんとしていれば、あとは案外楽に進めるものです。

2019年春

著　者

目次　[Inhalt]

アルファベート（表見返し）
学生のみなさんへ　　　　　　　　　　　　　　　　　　　　　　　**3**

Lektion　1　ドイツ語の文字と発音　　　　　　　　　　　　**6**

❶　読み方の原則　　❷　ドイツ語特有のつづりと発音　　❸　注意すべき外来語
❹　数詞
Übung 1

Lektion　2　動詞の現在人称変化　　　　　　　　　　　　**10**

❶　主語になる人称代名詞　　　　　　　❷　規則動詞の現在人称変化
❸　sein, haben, werden の現在人称変化　　❹　不規則動詞の現在人称変化
Übung 2

Lektion　3　ドイツ語の基本的な語順　　　　　　　　　　**14**

❶　不定詞句　　❷　基本的な語順：平叙文、疑問文、否定文
Übung 3

Lektion　4　名詞の性・数・格　　　　　　　　　　　　　**18**

❶　名詞の性と数　　❷　名詞の格　　❸　男性弱変化名詞
Übung 4

Lektion　5　定冠詞類と不定冠詞類　　　　　　　　　　　**22**

❶　冠詞類　　❷　定冠詞類　　❸　不定冠詞類
❹　人称代名詞　　❺　人称代名詞３格と４格の語順について
Übung 5

Lektion　6　ドイツ語の形容詞　　　　　　　　　　　　　**26**

❶　形容詞の付加語的用法　　❷　形容詞と副詞の比較変化
Übung 6

Lektion 7 ドイツ語の前置詞 30

❶ 前置詞の格支配　　　　　　❷ 前置詞と定冠詞の融合形
❸ 前置詞と人称代名詞の融合形　❹ 動詞や形容詞と前置詞
Übung 7

Lektion 8 話法の助動詞 34

❶ 話法の助動詞　❷ 未来時制　❸ 注意すべき es の用法
Übung 8

Lektion 9 分離動詞と非分離動詞 38

❶ 前つづりを持つ動詞　❷ 分離動詞　　❸ 非分離動詞
❹ 命令形　❺ zu 不定詞句　❻ zu 不定詞句の用法
Übung 9

Lektion 10 動詞の三基本形 42

❶ 三基本形　❷ 過去形　❸ 現在完了形
Übung 10

Lektion 11 受動と再帰表現 46

❶ 受動文　❷ 再帰代名詞と再帰動詞
Übung 11

Lektion 12 接続詞と関係代名詞 50

❶ 並列の接続詞と従属の接続詞　❷ 定関係代名詞　❸ 不定関係代名詞
Übung 12

Lektion 13 接続法 54

❶ 接続法　❷ 接続法第 2 式　❸ 接続法第 2 式の用法　❹ 接続法第 1 式
Übung 13

巻末付録

日常のあいさつ　疑問詞のある疑問文　感謝とお詫び　聞き返す
否定疑問文　場所の聞き方と答え方　時刻の言い方
ホテルで　レストランで　電話で　年号　四季　月　曜日　主な祝日
値段をたずねる　ことわざ　職業　家族　色　建物

Lektion 1 ドイツ語の文字と発音

❶ 読み方の原則

> 1）ローマ字のように読む
> 2）アクセントは第1音節に置く
> 3）アクセントのある母音は、子音1つの前では長く、2つ以上の前では短い

a	baden	水浴する	Bank	ベンチ、銀行
i	Bibel	聖書	binden	結びつける
u	gut	良い	Gummi	ゴム
e	Regen	雨	rennen	走る
o	Boden	地面	Bombe	爆弾
母音+h	gehen	行く	Kohle	石炭

❷ ドイツ語特有の注意すべきつづりと発音

1）ウムラオト（変母音）

ä	Dämon	悪魔	hängen	吊るす
ö	hören	聞く	können	できる
ü	Flügel	翼	Küste	海岸

2）複母音

au	Frau	夫人、婦人	kaufen	買う
ei	Freiheit	自由	nein	いいえ = no（英）
ie	Brief	手紙	lieben	愛する
eu, äu	Freude	喜び	Bäume	木々（Baumの複数形）
語末のr/er	für	～のために	Bruder	兄弟

Auf Deutsch!　●一日のあいさつ①　おはよう。英語の good morning!
Guten Morgen!　短く Morgen! とカジュアルに。

3）子音

▶05

j	Japan	日本	Junge	少年
s+母音	sehen	見る	Sohn	息子
v	Vater	父親	viel	多くの
w	Löwe	ライオン	Wein	ワイン
x	Hexe	魔女	Text	テキスト
z	tanzen	踊る	Zeit	時間

▶06

a ⎤	Nacht	夜	machen	作る
o ⎟ +ch	hoch	高い	Woche	週
u ⎟	Buch	本	suchen	探す
au ⎦	Bauch	お腹	rauchen	タバコを吸う
その他のch	leicht	軽い	Milch	ミルク
sch	komisch	おかしな	Tisch	机
ß, ss	Fußball	サッカー	heiß	暑い、熱い
	essen	食べる	küssen	キスする

＊ßとssの表記：ßは前の母音が長母音または複母音の場合にのみ使用。その他はss。

▶07

chs	sechs	6	wachsen	成長する
pf	Apfel	リンゴ	Kopf	頭
qu	Qual	苦悩	Quelle	泉
語頭のsp	spielen	遊ぶ、演じる =play	sprechen	話す
語頭のst	Stein	石	Straße	通り
tsch	Deutsch	ドイツ語	Tscheche	チェコ人
tz/ts/ds	letzt 最後の　nachts 夜に	abends	夕方に
dt	Stadt	街	Schmidt	シュミット（人名）
ung	Wohnung	住まい	Zeitung	新聞
語末のb	halb	半分の	Kalb	子牛
語末のd	Hund	犬	Wand	壁
語末のg	Weg	道	Zug	列車
語末のig	lustig	ゆかいな	wichtig	重要な

● 一日のあいさつ②
Guten Tag! 　こんにちは。Tagはdayのこと。

❸ 注意すべき外来語

これまでの原則とは異なった読み方をするものがあります、よく見かけるものをいくつか選んでみました。

Familie	家族	Klavier	ピアノ
Charakter	性格	Physik	物理学
Theater	劇場	Nation	国民
Restaurant	レストラン	Museum	美術館

ドイツ語の発音は英語などに比べればずっと簡単です。発音ができるようになればこれからの勉強もぐっと楽になるでしょう。

さあ、がんばって覚えてください。

❹ 数詞

0から1000までの数字を以下に挙げます。

0	null	1	eins	2	zwei	3	drei
4	vier	5	fünf	6	sechs	7	sieben
8	acht	9	neun	10	zehn	11	elf
12	zwölf	13	dreizehn	14	vierzehn	15	fünfzehn
16	sechzehn	17	siebzehn	18	achtzehn	19	neunzehn
20	zwanzig	21	einundzwanzig	22	zweiundzwanzig		
30	dreißig	40	vierzig	50	fünfzig	60	sechzig
70	siebzig	80	achtzig	90	neunzig	100	[ein] hundert
1000	[ein] tausend			10 000	zehntausend		

 Auf Deutsch!　●一日のあいさつ③　**Guten Abend!**　こんばんは。Abendはeveningのこと。

Übung 1

1. 次の単語を発音しなさい。

   1) Arbeit　　Autobahn　　Baumkuchen　　Bier

      Karte　　Märchen　　Neurose　　Volkswagen

   2) Bach　　Benz　　Brahms　　Diesel

      Einstein　　Mozart　　Röntgen　　Schweitzer

   3) Berlin　　Dortmund　　Düsseldorf　　Heidelberg

      München　　Potsdam　　Salzburg　　Wien

   4) BRD　　DDR　　USA　　EU

      DB　　BMW　　VW

独検にチャレンジ

2. 次の条件に当てはまるものはどれですか。ひとつ選びなさい。

   1) 下線部が長く発音される。　　　　[kommen, morgen, noch, wohnen]

   2) 第一音節にアクセント(強勢)がない。　[Kino, Lehrer, gehen, Familie]

   3) 下線部の発音が他と異なる。　　　[Geige, Geld, Tag, gestern]

   4) 下線部の発音が他と異なる。　　　[auch, Milch, Nacht, rauchen]

   5) 下線部の発音が他と異なる。　　　[lieben, Blume, liebt, Baum]

Lektion 2 動詞の現在人称変化

1 主語になる人称代名詞

	単数		複数	
1人称	ich	私は	wir	私たちは
2人称 親称	du	君は	ihr	君たちは
敬称	Sie	あなたは	Sie	あなたたちは
3人称	er	彼は		彼らは
	sie	彼女は	sie	彼女たちは
	es	それは		それらは

　2人称の**親称**(du、ihr)は親しい間柄(家族、友人など)の場合に用います。それ以外は**敬称**(Sie)を使います。敬称のSieは3人称のsieとは異なり、つねに頭文字を大文字で書きます。

2 規則動詞の現在人称変化

　動詞は主語の人称と数に応じて語尾変化します。この語尾変化を**動詞の人称変化**といいます。たとえば、kommen(来る)は次のように変化します。

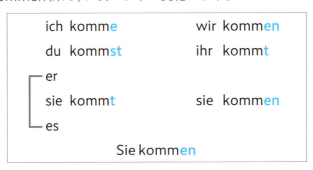

　2人称敬称(Sie)の現在人称変化は、3人称複数(sie)と同じになります。
　語尾変化する前の動詞の形kommenを**不定詞**(または**不定形**)といいます。英語の原形に相当します。不定詞から語尾の-enを取った部分kommが動詞の**語幹**で、語幹の後ろに付くのが**語尾**です。人称変化した形を不定詞に対して**定動詞**(または**定形**)といいます。

Auf Deutsch!　●一日のあいさつ④
Hallo!　やぁ。Guten Tagよりカジュアルに。
知り合いに会ったときや、電話でもしもし。

なお、語幹が **d, t** などで終わる動詞は、du, ihr, er（3人称単数）の語尾に口調上の -e を入れ、また **s, ß, z** などで終わる動詞は du の定動詞の語尾を -t のみとします。

arbeiten		reisen	
ich arbeit**e**	wir arbeit**en**	ich reis**e**	wir reis**en**
du arbeit**est**	ihr arbeit**et**	du reis**t**	ihr reis**t**
er/sie/es arbeit**et**	sie arbeit**en**	er/sie/es reis**t**	sie reis**en**

ミニ練習

▶ spielen, wohnen, finden, heißen を現在人称変化させましょう。

❸ sein, haben, werden の現在人称変化

規則変化ではなく、不規則に変化します。英語の be, have, become に相当し、ドイツ語でもとても重要な動詞です。必ず暗記してください。

sein		haben	
ich bin	wir sind	ich hab**e**	wir hab**en**
du bist	ihr seid	du hast	ihr hab**t**
er/sie/es ist	sie sind	er/sie/es hat	sie hab**en**

ミニ練習

▶ sein を適切な形に変化させましょう。

（1）Ich _____ Japaner.　　　　　（2）Du _____ nett.

（3）Er _____ Lehrer.

ミニ練習

▶ haben を適切な形に変化させましょう。

（1）Sie _____ Geld.（3人称単数）　（2）Ihr _____ Hunger.

（3）Sie _____ Mut.（3人称複数）

●一日のあいさつ⑤　　：　南ドイツやオーストリアで、
Grüß Gott!　　　：　朝でも、昼でも、晩でも。

11

werden			
ich	werde	wir	werden
du	wirst	ihr	werdet
er/sie/es	wird	sie	werden

ミニ練習

▶ werden を適切な形に変化させましょう。

（1）Ich _____ Arzt.　　　　　　（2）Du _____ krank.

（3）Wir _____ müde.

4 不規則動詞の現在人称変化

　du と３人称単数において語幹の母音（一部は子音も）が不規則変化する動詞があります。主に３つのタイプに分けることができます。

	a→ä	e→i	e→ie	その他	
	schlafen	helfen	sehen	nehmen	wissen
ich	schlafe	helfe	sehe	nehme	weiß
du	schläfst	hilfst	siehst	nimmst	weißt
er/sie/es	schläft	hilft	sieht	nimmt	weiß
wir	schlafen	helfen	sehen	nehmen	wissen
ihr	schlaft	helft	seht	nehmt	wisst
sie	schlafen	helfen	sehen	nehmen	wissen

ミニ練習

▶ fahren, sprechen, lesen, geben の現在人称変化を調べてみましょう。

● 一日のあいさつ⑥　　おやすみ。
Gute Nacht!　　　Nacht は night のこと。

Übung 2

1.（　　）内の規則動詞を現在人称変化させて下線部に入れなさい。 🔵▶16

1 ）Ich ＿＿＿＿＿ Deutsch.　　　（lernen）

2 ）Du ＿＿＿＿＿ gern.　　　（tanzen）

3 ）Sie ＿＿＿＿＿ in München.　　（wohnen、３人称複数）

4 ）Wir ＿＿＿＿＿ Fußball.　　　（spielen）

5 ）Ihr ＿＿＿＿＿ fleißig.　　　（arbeiten）

2. sein または haben を現在人称変化させて下線部に入れなさい。 🔵▶17

1 ）Ich ＿＿＿＿＿ heute Geburtstag.

2 ）Sie ＿＿＿＿＿ freundlich.（２人称単数）

3 ）Er ＿＿＿＿＿ Student.

4 ）Es ＿＿＿＿＿ billig.

5 ）Wir ＿＿＿＿＿ morgen Zeit.

3.（　　）内の不規則動詞を現在人称変化させて下線部に入れなさい。 🔵▶18

1 ）Du ＿＿＿＿＿ gut Japanisch.　　（sprechen）

2 ）Er ＿＿＿＿＿ Bier.　　　（nehmen）

3 ）Sie ＿＿＿＿＿ schon.　　（schlafen、３人称単数）

4 ）Ich ＿＿＿＿＿ nicht.　　（wissen）

独検にチャレンジ ▶

4. 次の文で空欄の中に入れるのに最も適切な動詞の形を選択しなさい。 🔵▶19

1 ）Peter（　　　　）jetzt zu Hause.　　　［ bin, bist, ist, sind ］
　　ペーターは今家にいます。

2 ）Wie（　　　　）du?　　　［ heißen, heißst, heiße, heißt ］
　　君の名前は？

3 ）Wohin（　　　　）er heute?　　　［ fahren, fahrt, fährst, fährt ］
　　彼は今日どこに行きますか。

13

Lektion 3 ドイツ語の基本的な語順

❶ 不定詞句

ドイツ語の文を書く前に、文を作るもとになる**不定詞句**という考え方を頭に入れてください。**不定詞句の語順はほぼ日本語と同じ**で、最後に不定詞が来ます。また、辞書でも熟語などは不定詞句の形で表示されていますから、不定詞句に慣れることはとても大切だと思います。例を挙げます。

サッカーを	する	今	東京に	住んでいる
Fußball	spielen	jetzt	in Tokyo	wohnen

どうですか。英語ならplay soccer、live in Tokyo nowと書くはずです。ところがドイツ語では、**不定詞句は日本語とそっくり**でしょう。このテキストでは、この不定詞句という考えを基本にドイツ語の語順を説明していきますから、しっかりと覚えてください。

> **ミニ練習**
>
> ▶次の不定詞句の意味を調べましょう。
> ・Bier trinken　　　　　　_____
> ・gut Klavier spielen　　　_____
> ・heute nach Tokyo fahren　_____
> ・fließend Deutsch sprechen　_____

❷ ドイツ語の基本的な語順

1) 平叙文

Er	spielt	jetzt	Fußball.
Jetzt	spielt	er	Fußball.
Fußball	spielt	er	jetzt.

上の文はどれも正しい文です。注意しなくてはいけないのはspielt（spielenの定動詞）の位置で、常に2番目に置かれています。これを**定動詞第2位の原則**といいます。

　●別れのあいさつ①
　　　Auf Wiedersehen!　　さようなら。

一番基本的な語順については、次のように考えることができます。主語の後に不定詞句を置きます。**主語＋不定詞句の語順は日本語の語順とほぼ同じ**になります。そして最後にくる不定詞を人称変化させて、文頭から**第2位**に移動します。

不定詞句：		今	サッカーを	している
		jetzt	Fußball	spielen
彼は		今	サッカーを	している
er		jetzt	Fußball	spielen
Er	spielt	jetzt	Fußball.	

ミニ練習

▶前ページの不定詞句を使って次の独作文をしてみましょう。

・私は今東京に住んでいる。　＿＿＿＿＿＿＿＿＿＿＿＿＿＿＿＿

・君は流暢にドイツ語を話す。　＿＿＿＿＿＿＿＿＿＿＿＿＿＿＿＿

・彼は今日、東京に行く。　＿＿＿＿＿＿＿＿＿＿＿＿＿＿＿＿

2）疑問文

　決定疑問文（Ja, Nein または Doch, Nein で答える疑問文）は定動詞を文頭に持ってきます。**補足疑問文**（疑問詞をとる疑問文）は疑問詞を文頭に置き、その後は決定疑問文と同じ語順になります。英語のように do, does は用いません。

平叙文	Er	kommt	heute.		彼は今日来ます。
決定疑問文	Kommt	er	heute?		彼は今日来ますか。

> — **Ja**, er kommt heute.
> — **Nein**, er kommt heute nicht.

	Kommt	er	heute	nicht?	彼は今日来ませんか。

> — **Doch**, er kommt heute.
> — **Nein**, er kommt heute nicht.

補足疑問文	Wann	kommt	er?		いつ彼は来ますか。

> — Er kommt heute.

●別れのあいさつ②
Auf Wiederhören!　｜　さようなら。こちらは電話で「さようなら」。

よく使われる疑問詞を挙げておきます。

疑問副詞：

いつ	なぜ	どのように
wann	warum	wie

どこで	どこから	どこへ
wo	woher	wohin

疑問代名詞：

だれが	だれの	だれに	だれを
wer	wessen	wem	wen

なにが			なにを
was			was

Woher kommt sie?　　　　**Was** lesen Sie?

3）否定文

基本的には、不定詞句の中の**否定したい語の前に** nicht を入れたものをもとに作ります。全否定は、否定したい語が動詞ですから、不定詞の前に nicht を入れます。

heute kommen → heute nicht kommen

そして最後の不定詞を定動詞に変え、第2位に移動させます。

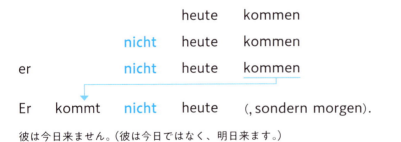

こうして nicht が文末に残されます。

部分否定の場合（たとえば heute を否定したい場合）は下のようになります。

```
                heute    kommen
        nicht   heute    kommen
er      nicht   heute    kommen

Er  kommt  nicht   heute   (, sondern morgen).
```

彼は今日来ません。（彼は今日ではなく、明日来ます。）

Auf Deutsch!　●別れのあいさつ③　Tschüs!　バイバイ。カジュアルに。

Übung 3

1. 次の不定詞句に（　　）内の主語を付け、現在形の文にしなさい。　　　🎵▶21

  1）heute Handball spielen　　（ich）　_____

  2）wieder gesund werden　　　（du）　_____

  3）sehr gut Englisch sprechen　（er）　_____

  4）Wein trinken　　（sie, 3人称複数）_____

2. 次の不定詞句を指示に従って書き換えなさい。　　　　　　🎵▶22

  1）morgen arbeiten　　　　　→　ichを主語、否定文に
                              _____

  2）Deutsch lernen　　　　　→　wirを主語、否定文に
                              _____

  3）gut schlafen　　　　　　→　duを主語、疑問文に
                              _____

  4）lange in Frankfurt wohnen　→　ihrを主語、疑問文に
                              _____

3. 次の疑問文に（　　）内の語を使って答えなさい。　　　🎵▶23

  1）Wann spielst du Tennis?　　（morgen）　_____

  2）Wie heißt du?　　　　　　　　（Peter）　_____

  3）Wo wohnt sie?　　　　（in Dortmund）　_____

  4）Was sind Sie?　（Schüler / Schülerin）　_____

独検にチャレンジ ▶

4. 次の文で（　　　）の中に入れるのに最も適切なものを選びなさい。　🎵▶24

  1）（　　　　）trinken Sie?　　　　　　　　　[Wer, Wann, Was, Warum]
    あなたは何を飲みますか。

  2）（　　　　）kommen Sie morgen?　　　　　[Wann, Wo, Was, Warum]
    あなたは明日いつ来ますか。

  3）（　　　　）wohnen sie?　　　　　　　　　[Wie, Wo, Wann, Was]
    かれらはどこに住んでいますか。

17

Lektion 4 — 名詞の性・数・格

1 名詞の性と数

 ▶25

名詞は性によって、**男性名詞**、**女性名詞**、**中性名詞**に分けられます。ただし、性といっても現実の性別と必ずしも一致するとは限りません。性は、辞書にのっていますからかならず確かめましょう。

名詞には単数形と複数形があります。ドイツ語の複数形には、基本的に5種類の複数語尾があります。英語のように -(e)s というひとつの基本的な複数語尾ではありません。辞書でひとつひとつ調べるしかありません。

・辞書の表記例

	性　2格の語尾／複数形		性　2格の語尾／複数形		性　2格の語尾／複数形
Hund	*m.* -(e)s ／ Hunde	Blume	*f.* - ／ Blumen	Buch	*n.* -(e)s ／ Bücher
Hund	男 -(e)s ／ -e	Blume	女 - ／ -n	Buch	中 -(e)s ／ ⸚er
犬		花		本	

・5種類の複数語尾の型

無語尾型： Onkel ➡ Onkel　おじ
　　　　　Vater ➡ Väter　父
-e型： Tag ➡ Tage　日
　　　 Hand ➡ Hände　手
-er型： Kind ➡ Kinder　子供
　　　　Buch ➡ Bücher　本
-(e)n型： Blume ➡ Blumen　花
　　　　 Frau ➡ Frauen　女性
-s型： Auto ➡ Autos　車
　　　 Hotel ➡ Hotels　ホテル

> **ミニ練習**
>
> ▶次の名詞の意味、性、複数形を辞書で調べてみましょう。
>
> ・Tochter　・Sohn　・Mann　・Schwester　・Foto

Auf Deutsch!　●感謝とお詫び①　：ありがとうございます。
Danke schön!　短く Danke! と言うと「ありがとう」。

❷ 名詞の格

　名詞には4つの格があります。4つの格によってその名詞が文中でどんな役割を果たすかを表します。格に応じて主にその前に付く冠詞が変化します。これを**格変化**といいます。

　男性名詞、中性名詞では2格の語尾に **-(e)s**、複数名詞では3格の語尾に **-n** を付けます。

・定冠詞

	m. 男性名詞	*f.* 女性名詞	*n.* 中性名詞	*pl.* 複数名詞
1格　〜は、〜が	der Vater	die Mutter	das Kind	die Kinder
2格　〜の	des Vaters	der Mutter	des Kindes	der Kinder
3格　〜に	dem Vater	der Mutter	dem Kind	den Kindern
4格　〜を	den Vater	die Mutter	das Kind	die Kinder

・不定冠詞

	m. 男性名詞	*f.* 女性名詞	*n.* 中性名詞
1格　〜は、〜が	ein△ Vater	eine Mutter	ein△ Kind
2格　〜の	eines Vaters	einer Mutter	eines Kindes
3格　〜に	einem Vater	einer Mutter	einem Kind
4格　〜を	einen Vater	eine Mutter	ein△ Kind

　定冠詞と不定冠詞は、それぞれ英語の the と a に相当します。定冠詞と不定冠詞はほぼ同じような語尾変化をしますが、**男性1格**と**中性1・4格**では、不定冠詞は定冠詞のような語尾をとりません。この**男性1格、中性1・4格**の違いは、あとに出てくるいろいろな格変化にも深く関係します。ここできちんと覚えておくと、あとの勉強がぐんと楽になると思います。必ず覚えてください。

●**感謝とお詫び②**　　どういたしまして。
Bitte schön!　　短く Bitte! とも。

19

動詞のなかには目的語として4格以外の目的語をともなうものがあります。

Der Lehrer hilft den Schülern.　その先生はその生徒たちを手伝う。

日本語訳では「その生徒たちを手伝う」ですが、動詞helfen（手伝う）は3格の目的語（den Schülernは複数3格［単数1格はder Schüler］）をともないます。また、geben（与える）などは3格と4格のふたつの目的語をともないます。

ミニ練習

▶次の文を性、数と格を確認しながら訳してみましょう。

（1）Der Vater kauft einen Wagen.
　　_____

（2）Die Uhr des Vaters ist sehr teuer.
　　_____

（3）Das Mädchen dankt dem Vater.
　　_____

（4）Die Kinder lieben den Vater.
　　_____

3 男性弱変化名詞

男性名詞の中には、単数1格以外のすべての格で語尾 **-(e)n** を付けるものがあります。そのような男性名詞を**男性弱変化名詞**といい、辞書では、次のように表記してあります。2格語尾の表記に注意してください。

例　Student　*m.* -en / -en　　　　　　Junge　*m.* -n / -n
　　学生　　　　　　　　　　　　　　　男の子、少年

単数	複数	単数	複数
der　Student	die　Studenten	der　Junge	die　Jungen
des　Studenten	der　Studenten	des　Jungen	der　Jungen
dem　Studenten	den　Studenten	dem　Jungen	den　Jungen
den　Studenten	die　Studenten	den　Jungen	die　Jungen

　●感謝とお詫び③　　「すみません」。
　　　　　　　　　Entschuldigung!　　人とぶつかってしまったときなど。

Übung 4

1. 下線部の名詞を適当な格に変えて文を完成させなさい。 (CD) ▶26

1) Ich kaufe der Tisch. _____

2) Der Vater der Schüler ist Schauspieler. _____

3) Er gibt die Frau eine Blume. _____

4) Das Auto gehört der Student. _____

2. 次の文の名詞をすべて複数形にして全文を書き直しなさい。 (CD) ▶27

1) Die Tochter dankt dem Lehrer. _____

2) Die Frau liest das Buch. _____

3. 次の文の名詞をすべて単数形にして全文を書き直しなさい。 (CD) ▶28

1) Die Jungen lieben die Hunde. _____

2) Die Mütter loben die Mädchen. _____

4. 次の文をドイツ語に訳しなさい。 (CD) ▶29

1) その医者はその男に写真(複数)を見せる。 ［ Arzt / Mann / Foto / zeigen ］

_____

2) ひとりの学生がその本を読んでいる。 ［ Student / Buch / lesen ］

_____

独検にチャレンジ

5. 次の文で(　　　)の中に入れるのに最も適切なものを選びなさい。 (CD) ▶30

1) Der Vater liebt (　　　) Sohn. ［ der, des, dem, den ］
その父親は息子を愛している。

2) Heute kauft Monika (　　　) Uhr. ［ ein, eine, einen, eines ］
今日モニカは時計をひとつ買う。

3) Das Zimmer (　　　) Vaters ist groß. ［ der, des, dem, den ］
父の部屋は大きい。

Lektion 5 定冠詞類と不定冠詞類

❶ 冠詞類

　定冠詞や不定冠詞のように、名詞の前に置かれ、名詞の性・数・格に応じて語尾変化する語を**冠詞類**といいます。冠詞類というのは冠詞の仲間ということです。冠詞類には、定冠詞とほぼ同じ変化をする**定冠詞類**と、不定冠詞と同じ変化をする**不定冠詞類**とがあります。それぞれの変化を見るまえに、4課でやった定冠詞と不定冠詞の格変化をきちんと覚えているか必ず確かめてみましょう。

❷ 定冠詞類

この	すべての	どの	それぞれの(単数のみ)	など
dies**er**	all**er**	welch**er**	jed**er**	

	m. 男性名詞	*f.* 女性名詞	*n.* 中性名詞	*pl.* 複数名詞
1格	dies**er** Hund	dies**e** Katze	dies**es** Pferd	dies**e** Katzen
2格	dies**es** Hund**es**	dies**er** Katze	dies**es** Pferd**es**	dies**er** Katzen
3格	dies**em** Hund	dies**er** Katze	dies**em** Pferd	dies**en** Katzen
4格	dies**en** Hund	dies**e** Katze	dies**es** Pferd	dies**e** Katzen

　　　　　犬　　　　　　　猫　　　　　　　馬

> **ミニ練習**
> ▶dieser以外の定冠詞類を上の表のように格変化させてみましょう。

Welch**en** Hund kauft er?　彼はどの犬を買うの？

●短い言い回し①
Bis morgen!　またあした。

❸ 不定冠詞類

不定冠詞類には、所有を表す**所有冠詞**と否定を表す**否定冠詞kein**があります。所有冠詞は、英語のmy, your, his, her, its, our, theirにあたるものです。否定冠詞keinは、英語のI have no friend.などのように、名詞の前に置かれるnoに相当します。

Er ist mein Freund.　　彼は私の友だちです。

Ich habe kein Geld.　　私はお金がない。

不定冠詞類は、不定冠詞と同じ語尾変化をします。注意しなくてはいけないのは、**男性1格、中性1・4格**でしたね。複数では、定冠詞類と同じ語尾変化をします。

私の	君の	彼の	彼女の	それの	あなたの
mein	dein	sein	ihr	sein	Ihr

私たちの	君たちの	彼(女)たちの、それらの	あなたたちの
unser	euer	ihr	Ihr

	m. 男性名詞	*f.* 女性名詞	*n.* 中性名詞	*pl.* 複数名詞
1格	mein△　Vater	meine　Mutter	mein△　Kind	meine　Kinder
2格	meines　Vaters	meiner　Mutter	meines　Kindes	meiner　Kinder
3格	meinem　Vater	meiner　Mutter	meinem　Kind	meinen　Kindern
4格	meinen　Vater	meine　Mutter	mein△　Kind	meine　Kinder

ミニ練習

▶ mein以外の不定冠詞類も上の表のように格変化させてみましょう。

●短い言い回し②　　またあとで。
Bis später!　　英語の See you later.

23

④ 人称代名詞

　主語になる人称代名詞、つまり人称代名詞の1格は、2課で学びました。人称代名詞の3格、4格は次のようになります。2格は今日ほとんど用いられません。

1格	ich	du	er	sie	es	Sie
3格	mir	dir	ihm	ihr	ihm	Ihnen
4格	mich	dich	ihn	sie	es	Sie

1格	wir	ihr	sie	Sie
3格	uns	euch	ihnen	Ihnen
4格	uns	euch	sie	Sie

　3人称単数・複数の末尾は、**定冠詞の語尾と同じ**になっています。暗記するときの助けになるでしょう。ドイツ語の名詞は、人称代名詞に変えるとき、名詞の性と数にあわせて人称代名詞を決めます。たとえばWagen「車」は男性名詞ですから、格に応じて er — ihm — ihn のどれかになります。

ミニ練習

▶次の文の下線部を適当な人称代名詞に変えてみましょう。

（1）Der Lehrer lobt das Mädchen. 　＿＿＿＿＿＿＿＿＿＿＿

（2）Meine Mutter kauft diese Blumen. 　＿＿＿＿＿＿＿＿＿＿＿

---

⑤ 人称代名詞3格と4格の語順について

　Ich gebe dem Schüler das Buch. のように、「〜に（3格）」、「〜を（4格）」の語順は、両方が名詞の場合は3格―4格となりますが、どちらか一方を人称代名詞にすると格にかかわらず、人称代名詞のほうを前にします。さらに、両方とも人称代名詞にした場合は4格―3格の語順になります。

　Ich gebe ihm das Buch. 　　Ich gebe es dem Schüler. 　　Ich gebe es ihm.

●短い言い回し③ ：なんですって？
Wie bitte? ：聞き取れない、理解できないときに聞き返して。

Übung 5

1. 下線部に適当な語尾を補いなさい。　🔵▶32

1）Ich schenke sein____ Sohn dies____ Anzug.

2）Welch____ Buch kaufen Sie?

3）Heute habe ich kein____ Zeit.

4）Wie findest du ihr____ Rock?

5）Dies____ Blumen gefallen unser____ Mutter.

6）Jed____ Mädchen kennt sein____ Haus.

2. 下線部を人称代名詞に代えて、全文を書き直しなさい。　🔵▶33

1）Der Wagen gehört dem Mann.　_____

2）Die Schwester hilft immer ihrem Bruder.　_____

3）Er schenkt seiner Freundin den Ring.　_____

4）Der Lehrer zeigt den Eltern das Foto.　_____

3. 次の文をドイツ語に訳しなさい。　🔵▶34

1）どの先生もこの生徒をほめる。　[jeder / Lehrer / dieser / Schüler / loben]

_____

2）この万年筆は私の叔父のものです。　[dieser / Füller / mein / Onkel / gehören]

_____

独検にチャレンジ ▶

4. 次の文で（　　）の中に入れるのに最も適切なものを選びなさい。　🔵▶35

1）（　　　）Auto kaufen Sie?　　　　[Welcher, Welches, Welche, Welchen]

　　あなたはどの車を買いますか。

2）Ich habe（　　　）Wagen.　　　　[kein, keine, keinem, keinen]

　　私は車を持っていません。

3）Er schenkt（　　　）Frau einen Ring.　　[sein, seine, seinem, seiner]

　　彼は妻に指輪をひとつ買ってあげる。

25

Lektion 6 ドイツ語の形容詞

1 形容詞の付加語的用法

　名詞の前に置かれて、その名詞を修飾する形容詞の用法を、**付加語的用法**といいます。付加語として用いられる形容詞は、ともに用いられる冠詞(類)の種類と有無に応じて、3種類の格変化をします。形容詞の格変化は、4課と5課で学んだ冠詞(類)の格変化と密接に関連しています。まずは定冠詞(類)と不定冠詞(類)の格変化を確認してください。

1) 定冠詞(類)とともに用いられる場合：

定冠詞(類)の格語尾が、何格かを示してくれるので、形容詞が格を示す必要はありません。**-e** か **-en** の弱い語尾変化しかしません。

	m. 男性名詞	*f.* 女性名詞	*n.* 中性名詞	*pl.* 複数名詞
1格	der alte Mann	die alte Frau	das neue Buch	die alten Leute
2格	des alten Mannes	der alten Frau	des neuen Buches	der alten Leute
3格	dem alten Mann	der alten Frau	dem neuen Buch	den alten Leuten
4格	den alten Mann	die alte Frau	das neue Buch	die alten Leute

> **ミニ練習**
>
> ▶格変化させましょう。
>
> der kleine Mund / die lange Nase / das blaue Auge / die schwarzen Haare

2) 不定冠詞(類)とともに用いられる場合：

　4課と5課で、定冠詞(類)と不定冠詞(類)は、**男性1格**と**中性1・4格**で異なった格変化をすることを勉強しました。ここでも、**男性1格**、**中性1・4格**のところがポイントになります。

　男性1格、中性1・4格で不定冠詞(類)に代わって、形容詞が定冠詞類と同じ語尾をとり、格を示します。それ以外は、定冠詞(類)とともに用いられる場合と同じです。

●人と会う①　　お元気ですか。
Wie geht es Ihnen?　英語の How are you?

	m. 男性名詞	*f.* 女性名詞	*n.* 中性名詞	*pl.* 複数名詞
1格	ein alter Mann	eine alte Frau	ein neues Buch	meine alten Freunde
2格	eines alten Mannes	einer alten Frau	eines neuen Buches	meiner alten Freunde
3格	einem alten Mann	einer alten Frau	einem neuen Buch	meinen alten Freunden
4格	einen alten Mann	eine alte Frau	ein neues Buch	meine alten Freunde

ミニ練習

▶格変化させましょう。

ein kleiner Mund / eine lange Nase /

ein blaues Auge / meine schwarzen Haare

3）冠詞（類）をともなわない場合：

　形容詞が冠詞（類）の代わりに格を示すことになります。格変化は**定冠詞（類）とほぼ同じ**です。男性２格、中性２格で-enの語尾変化となるのは、名詞が-(e)sの語尾をとり、２格であることを示してくれるので、形容詞は格を示す必要がないからです。

	m. 男性名詞	*f.* 女性名詞	*n.* 中性名詞	*pl.* 複数名詞
1格	kalter Saft	frische Luft	schönes Wetter	junge Leute
2格	kalten Saftes	frischer Luft	schönen Wetters	junger Leute
3格	kaltem Saft	frischer Luft	schönem Wetter	jungen Leuten
4格	kalten Saft	frische Luft	schönes Wetter	junge Leute

ミニ練習

▶格変化させましょう。

roter Wein / heiße Milch / kaltes Bier / neue Bücher

●人と会う②　　はじめまして。
Freut mich!　　英語の Nice to meet you.

2 形容詞と副詞の比較変化

比較級、**最上級**は**原級**に **-er**、**-st** を付けます。幹母音がウムラウトするもの、最上級で口調上の -e を入れるもの、不規則変化するものもあります。形容詞は原則としてそのまま**副詞**としても用いられます。

原級	比較級	最上級
schnell	schneller	schnellst
breit	breiter	breitest
lang	länger	längst
gut	besser	best
viel	mehr	meist
hoch	höher	höchst
gern（副詞のみ）	lieber	am liebsten

1）付加語的用法：比較変化した形容詞が付加語として用いられる場合、冠詞（類）の種類と有無に応じて格変化をします。

原級	klein	der kleine Vogel	ein kleiner Vogel
比較級	kleiner	der kleinere Vogel	ein kleinerer Vogel
最上級	kleinst	der kleinste Vogel	

2）述語的用法：英語の「as 原級 as」、「比較級 than」、「the 最上級」に相当する比較表現。

Dieser Garten ist so schön wie der Garten in Kyoto. 　この庭園は京都の庭園と同じくらいきれいだ。
Dieser Garten ist schöner als der Garten in Kyoto. 　この庭園は京都の庭園よりきれいだ。
Dieser Garten ist der schönste in Japan. 　この庭園は日本で一番きれいだ。

最上級の前に付く定冠詞は、形容詞の後に省略されている名詞によって性・数が決められます。上の例では、schönste の後に男性名詞 Garten が省略されていると考えられます。最上級には、**定冠詞 + -ste(n)** の他に、**am -sten** という形もあります。

ただし、他のものと比べて主語が1番というのではなく、主語自体がある条件下で1番という場合には am -sten のみを用います。

Dieser Garten ist im Herbst am schönsten. 　この庭園は、秋が一番美しい。

3）副詞の最上級：副詞の場合は am -sten の形でしか用いません。

Er kommt von allen Schülern am spätesten. 　彼は全生徒のなかで一番遅く来る。

●人と会う③
Lange nicht gesehen!

お久しぶり。
英語の Long time no see.

Übung 6

1. 下線部に適当な語尾を付けなさい。 (CD ▶37)

1) Die alt____ Frau hat leicht____ Fieber.

2) Das blau____ Auto gehört meinem reich____ Freund.

3) Ein alt____ Mann schläft dort.

4) Sie kauft eine rot____ Rose.

5) Wie findest du sein neu____ Hemd?

2. 次の文を日本語に訳しなさい。 (CD ▶38)

1) Ich bin nicht so faul wie du.

_____

2) Meine Frau ist drei Jahre jünger als ich.

_____

3) Ich suche eine kleinere Wohnung.

_____

4) Welcher Fluss ist der längste in der Welt?

_____

5) Im Vakuum fällt Papier so schnell wie Eisen.

_____

独検にチャレンジ

3. 次の文で(　　　)の中に入れるのに最も適切なものを選びなさい。 (CD ▶39)

1) Klaus ist nicht so groß (　　　) Peter.　　　　　[als, am, wie, mehr]

クラウスはペーターほど背が高くない。

2) Die Zugspitze ist in Deutschland (　　　) höchsten.　[am, vom, um, mehr]

ツークシュピッツェ山はドイツで一番高い。

3) Dieter ist älter (　　　) Thomas.　　　　　　　[am, als, denn, zu]

ディーターはトーマスより年上だ。

Lektion 7 ドイツ語の前置詞

1 前置詞の格支配

名詞・代名詞は前置詞と結びつくとき、その前置詞に応じて、2格・3格・4格のいずれかの格になります。これを**前置詞の格支配**といいます。

1）2格支配の前置詞

statt	～の代わりに	statt des Vaters	父の代わりに
während	～の間	während der Sommerferien	夏休みの間
wegen	～のために	wegen des Umbaus	改装のために

➡ 他に außerhalb（～の外に）, trotz（～にもかかわらず）など

2）3格支配の前置詞

aus	～から	aus seinem Zimmer	彼の部屋から
mit	～と一緒に	mit mir	私と一緒に
zu	～の方へ	zu dem Bahnhof	駅へ

➡ 他に bei（～のもとで）, nach（～の方へ）, von（～の）など

3）4格支配の前置詞

durch	～を通って	durch einen langen Tunnel	長いトンネルを通って
für	～のために	für die Prüfung	試験のために
ohne	～なしで	ohne dich	君なしで

➡ 他に gegen（～に反対して）, um（～のまわりに）など

ミニ練習

▶前置詞に応じて下線の名詞・代名詞を格変化させ、意味を調べてみましょう。

（1）trotz der Regen _____

（2）bei er _____

（3）nach das Essen _____

（4）gegen der Krieg _____

●気持ちを伝える①
Viel Spaß!　　大いに楽しんできて。
　　　　　　　遊びに出かける相手に。

4）3・4格支配の前置詞

　3格を支配したり、4格を支配したりする前置詞があります。下の例文でそれぞれの前置詞が何格を支配しているか確認してみましょう。

an：	Der Tisch steht *an* dem Fenster.	その机は窓ぎわにある。
	Ich schiebe den Tisch *an* das Fenster.	私はその机を窓ぎわに動かす。
hinter：	Eine Katze schläft *hinter* dem Vorhang.	一匹の猫がカーテンのうしろで寝ている。
	Eine Katze läuft *hinter* den Vorhang.	一匹の猫がカーテンのうしろに駆けて行く。

　上の例文でわかるように、前置詞が指し示す場所での**存在**や**動作**を示すときには**3格**、動作によって**移動していく方向**を示すときには**4格**を支配しています。

　他に **auf**(～の上), **in**(～の中), **neben**(～のとなり), **über**(～の上のほう), **unter**(～の下), **vor**(～の前), **zwischen**(～の間) があります。

2 前置詞と定冠詞の融合形

　定冠詞の指示力が弱い場合、前置詞は後に続く定冠詞と融合して次のような形になることがあります。

　　an dem ➡ am　　in das ➡ ins　　in dem ➡ im　　zu der ➡ zur　など

Ein Baby schläft *im* Bett.　　赤ちゃんがベッドで寝ている。
Heute gehe ich *ins* Kino.　　今日ぼくは映画を見に行く。

●気持ちを伝える②
Viel Glück!　　幸運を。

❸ 前置詞と人称代名詞の融合形

2格支配以外の前置詞は、物（人を示す場合を除く）を示す人称代名詞と融合して、**da(r)**＋**前置詞**の形になることがあります（前置詞が母音で始まるものはrを入れる）。

> 例　auf＋人称代名詞　➡　darauf　　mit＋人称代名詞　➡　damit

Hinter dem Wagen steht dein Fahrrad.　　その車のうしろに君の自転車がある。
⬇
Hinter ihm steht dein Fahrrad.
⬇
Dahinter steht dein Fahrrad.

❹ 動詞や形容詞と前置詞

英語の think of, wait for, be satisfied with のように、前置詞が動詞や形容詞と熟語的に結びつくことがあります。この場合、3・4格支配の前置詞が何格を支配するかは辞書で確認します。辞書では物³(et³)、物⁴(et⁴)、人³(j³)、人⁴(j⁴)と格を表示してあります。

an et⁴ denken　　　～⁴を思う
➡ Er **denkt** immer **an** seine Heimat.

auf j⁴/ et⁴ warten　　～⁴を待つ
➡ Wir **warten auf** ihn.

mit et zufrieden sein　～に満足している
➡ Er ist **mit** dem Erfolg **zufrieden**.

j³ für et danken　　　～³に～⁴を感謝する
➡ Ich **danke** Ihnen **für** Ihre Hilfe.

●気持ちを伝える③　　　がんばって。
Viel Erfolg!　　　　　成功を祈る。

Übung 7

1．下線部を適当な格に直しなさい。

   1）Wegen die Krankheit kommt sie heute nicht.

   2）Er fährt morgen mit das neue Auto zu wir.

   3）Bei schönes Wetter spiele ich mit die Freunde Fußball.

   4）Der Mond kreist um die Erde.

   5）Ich bin gegen das Gesetz.

2．下線部を適当な格に直しなさい。

   1）Er denkt immer an seine Freundin.

   2）Seit eine Woche warte ich auf sein Brief.

   3）Er ist mit meine Antwort zufrieden.

   4）Ich danke ihm für sein freundschaftlicher Ratschlag.

3．下線部を適当な格に直しなさい。

   1）Ich lege das Messer auf der Tisch.

   2）Das Messer liegt auf der Tisch.

   3）Ich stecke einen Brief in der Briefkasten.

   4）Ein Brief steckt in der Briefkasten.

独検にチャレンジ

4．次の文で（　）の中に入れるのに最も適切なものを選びなさい。

   1）Ich danke Ihnen（　　）Ihre Hilfe.　　　　　［aus, durch, für, zu］

   　私はあなたの助力に感謝します。

   2）Der Mann fragt mich（　　）dem Weg.　　　［mit, nach, von, zu］

   　その男は私に道を尋ねる。

   3）Wir warten（　　）den Bus.　　　　　　　　［an, auf, für, nach］

   　私たちはバスを待っている。

Lektion 8 話法の助動詞

1 話法の助動詞 ▶45

英語の will, can, must, may, shall などのように本動詞になんらかの意味合いを付け加える助動詞を、**話法の助動詞**といいます。

	wollen	können	müssen	mögen	sollen	dürfen	möchte
ich	will	kann	muss	mag	soll	darf	möchte
du	willst	kannst	musst	magst	sollst	darfst	möchtest
er	will	kann	muss	mag	soll	darf	möchte
wir	wollen	können	müssen	mögen	sollen	dürfen	möchten
ihr	wollt	könnt	müsst	mögt	sollt	dürft	möchtet
sie	wollen	können	müssen	mögen	sollen	dürfen	möchten

話法の助動詞の現在人称変化は、単数では不規則に、複数では動詞の現在人称変化と同じ語尾になります。

助動詞を含む不定詞句は、**本動詞の不定詞＋話法の助動詞**です。3課で学んだように**日本語と同じ語順**です。

その車を	買い	たい		今日	もっと	働か	なくてはいけない
das Auto	kaufen	wollen		heute	noch	arbeiten	müssen

速く	走	れる
schnell	laufen	können

話法の助動詞を用いた文の語順は、上の不定詞句を利用して、3課で学んだように**日本語と同じ語順に並べ、一番最後にきた助動詞を人称変化させ、第2位に移動**します。

私は	その車を	買い	たい
ich	das Auto	kaufen	wollen

Ich　will　das Auto　kaufen.

> **ミニ練習**
> ▶次の日本語をドイツ語に訳してみましょう。
> （1）君はもっと働かなければならない。　＿＿＿＿＿＿＿＿＿＿
> （2）彼は早く走れますか。　＿＿＿＿＿＿＿＿＿＿

●気持ちを伝える④　　お大事に。
Gute Besserung!　　具合の悪い相手に。

Auf Deutsch!

2 未来時制

未来時制は、**本動詞の不定詞 + werden** により作ります。

話法の助動詞を含む不定詞句と同様に、日本語と同じ語順になっています。

君を	明日	訪問する	だろう
dich	morgen	besuchen	werden

彼に	手紙を	書く	だろう
ihm	einen Brief	schreiben	werden

未来形の文の作り方は、話法の助動詞を含む文と同じように考えます。

未来時制といってもふつうは**現在の推量**を表します。

　　Er wird jetzt im Zimmer schlafen.　　彼はいま部屋で寝ているだろう。

確定的な未来の事柄については、未来を示す副詞(句)などを伴って、現在形を用います。

ミニ練習

▶次の日本語をドイツ語に訳してみましょう。

・私は明日その車を買うだろう。＿＿＿＿＿＿＿＿＿＿＿＿＿＿＿

●気持ちを伝える⑤
Gute Reise!　　よいご旅行を。

❸ 注意すべき es の用法

動作の主体が考えられない事柄を表す場合、形式上の主語として es を用います。

1）自然現象、時刻など

Es regnet.	雨が降る。
Heute ist es warm.	今日は暖かい。
Wie spät ist es?	何時ですか。
Es ist zehn Uhr.	10 時です。

2）生理、心理現象

Es ist mir heiß.　　　　私は暑い。

この場合、es は文頭にこないと省略されます。

たとえば、Mir ist heiß.

3）その他の大切な熟語表現

Es geht mir schlecht.	私は体の調子が悪い。
Es gibt einen Tisch.	机があります。

4）前置詞を伴う大切な熟語表現

Es geht um das Wetter.	天気次第だ。
Es handelt sich um das Kind.	その子のことが問題となっている。

ミニ練習

▶次の日本語をドイツ語に訳してみましょう。

・いま 12 時です。

_____

・ここに本が 1 冊あります。

_____

🔵 **Auf Deutsch!**　　●気持ちを伝える⑥　　（誕生日、お祝いのときに）おめでとう。
Alles Gute!　　（別れのとき）お元気で。

Übung 8

1. 次の不定詞句に（　　）内の主語をつけ、現在形の文にしなさい。 (CD)▶46

1) im Sommer nach Frankfurt fahren wollen （ ich ）

2) die Prüfung bestehen müssen （ du ）

3) heute mit uns ins Kino gehen können （ er , 疑問文 ）

4) recht haben mögen （ Sie ）

5) sofort zu mir kommen sollen （ er ）

6) hier nicht rauchen dürfen （ man ）

7) morgen zur Schule gehen werden （ sie ＝ 3 人称単数 ）

8) noch etwas Kaffee haben möchte （ ich ）

2. 次の文を日本語に訳しなさい。 (CD)▶47

1) Gibt es hier in der Nähe einen bekannten Zoo?

_____

2) In Hokkaido schneit es oft im Winter.

_____

3) Wie geht es dir? － Es geht mir gut. Und dir?

_____

▶ 独検にチャレンジ

3. 次の文で（　　）の中に入れるのに最も適切なものを選びなさい。 (CD)▶48

1) Er （　　　　） gut Deutsch sprechen.

彼は上手にドイツ語を話すことができる。　[können, könnt, kann, kannt]

2) Du （　　　　） morgen eine Prüfung machen.

君はあす試験を受けなければならない。　[müsst, müssen, musst, muss]

3) Er （　　　　） jetzt Wein trinken.

彼はいまワインが飲みたい。　[möchte, möchtet, möchtest, möchten]

37

Lektion 9　分離動詞と非分離動詞

❶ 前つづりを持つ動詞

　前つづりがついて、もとの動詞とは異なる意味を持つ動詞があります。前つづりには、アクセントのある分離前つづりとアクセントのない非分離前つづりとがあります。

stehen 立つ	➡	áufstehen	起床する、立ち上がる
		verstéhen	理解する
fahren 行く	➡	ábfahren	出発する
		erfáhren	経験する、(聞いて)知る

❷ 分離動詞

　分離前つづりを持つ動詞を**分離動詞**といいます。定動詞として分離動詞を用いる場合、前つづりと基礎動詞は分離して、基礎動詞が人称変化して第2位に移動します。辞書では分離前つづりと基礎動詞の間にたて線が入っています。

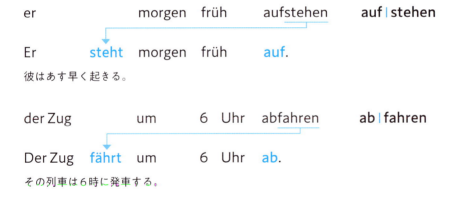

　話法の助動詞とともに用いられるときは、話法の助動詞が人称変化して第2位に移動するので、分離動詞は分離しません。

```
er            morgen  früh  aufstehen  müssen

Er     muss   morgen  früh  aufstehen.
彼はあす早く起きなければならない。
```

Auf Deutsch!　●時間の表現①　Wie spät ist es jetzt?　いま何時ですか。

38

❸ 非分離動詞

次の８つの前つづりは基礎動詞と決して分離しません。非分離前つづりと呼ばれています。

> be-, emp-, ent-, er-, ge-, ver-, zer-; miss-

ich　　　　　　　heute　meinen　Großvater　besuchen

Ich　besuche　heute　meinen　Großvater.　私は今日私の祖父を訪ねる。

❹ 命令形

ドイツ語の２人称は **du**, **ihr**, **Sie** の３つです。そこで命令形も３種類です。文の最後に感嘆符を付けます。

　du に対する命令形は、du の現在人称変化から -st を取った形。ただし、a→ä に不規則変化する動詞は、命令形ではaのままです。

　ihr に対する命令形は、ihr の現在人称変化そのままの形です。

　Sie に対する命令形は、Sie の現在人称変化そのままの形で、Sie を後ろに付けます。疑問文と同じ語順、語形になります。

　sein の命令形は不規則です。そのまま覚えてください。

		不定詞	du に対して	ihr に対して	Sie に対して
規則動詞		kommen	Komm(e)!	Kommt!	Kommen Sie!
分離動詞		zumachen	Mach(e) ... zu!	Macht ... zu!	Machen Sie ... zu!
不規則動詞	i型	helfen	Hilf!	Helft!	Helfen Sie!
	ie型	sehen	Sieh!	Seht!	Sehen Sie!
	ä型	schlafen	Schlaf!	Schlaft!	Schlafen Sie!
sein動詞		sein	Sei ... !	Seid ... !	Seien Sie ... !

Komm sofort nach Hause!　　　すぐに帰宅しなさい。

Mach das Fenster zu!　　　　窓を閉めろ。

Hilf mir in der Küche!　　　台所仕事を手伝って。

Sehen Sie mal den Mann dort!　ちょっとあそこの男の人を見てごらんなさい。

Seien Sie bitte ruhig!　　　静かにしてください。

●時間の表現②

Es ist neun Uhr.　9時です。

5 zu 不定詞句

不定詞句の不定詞の前に zu を入れたものがドイツ語の zu 不定詞句です。

- 不定詞句　　　　　　　　・zu 不定詞句

　mit ihm sprechen　➡　mit ihm zu sprechen

話法の助動詞の場合も同じです。

　ihn besuchen können　➡　ihn besuchen zu können

分離動詞の場合は、zu を前つづりと基礎動詞の間に入れます。

　um 8 Uhr aufstehen　➡　um 8 Uhr aufzustehen

6 zu 不定詞句の用法

1）主語になる「〜すること」

　Mit ihm zu sprechen ist sehr lustig.　　彼と話すことはとても楽しい。

es を用いて、英語の It is ... to 〜 のような用法もあります。

　Es ist sehr lustig, mit ihm zu sprechen.

2）目的語になる「〜すること」

　Ich versuche, mit ihm zu sprechen.

　私は彼と話そうと試みる。

3）付加語になる「〜するための」（直前の名詞を説明する）

　Ich habe keine Zeit, mit ihm zu sprechen.

　私は彼と話す時間がない。

4）大切な熟語表現

- um + zu 不定詞句「〜するために」

　Ich gehe in sein Zimmer, um mit ihm zu sprechen.

　彼と話すために、私は彼の部屋に行く。

- ohne + zu 不定詞句「〜しないで」

　Ich gehe aus dem Zimmer, ohne mit ihm zu sprechen.

　彼と話すことなく、私は部屋を出る。

- statt + zu 不定詞句「〜する代わりに」

　Ich schreibe einen Brief an ihn, statt mit ihm zu sprechen.

　彼と話す代わりに、私は彼に手紙を書く。

●時間の表現③　　　　9時半です。
Es ist halb zehn.　　10時半ではありません。

Übung 9

1. 次の不定詞句に（　　）内の主語をつけ、現在形の文を作りなさい。 🎧▶50

1）bald vergehen　　　　　　　　（ der Nebel ）　_____

2）im Osten aufgehen　　　　　　（ die Sonne ）　_____

3）den Berg besteigen　　　　　　（ ich ）　_____

4）aus dem Zug in Hamburg aussteigen（ er ）　_____

5）morgen zurückkommen　　　　（ wir ）　_____

6）morgen zurückkommen wollen　（ wir ）　_____

2. 次の不定詞句を du, ihr, Sie に対する命令文にしなさい。 🎧▶51

1）erst die Hausaufgaben machen　_____

2）klar und deutlich sprechen　_____

3）bitte das Fenster aufmachen　_____

4）im Klassenzimmer still sein　_____

3. 次の文を日本語に訳しなさい。 🎧▶52

1）Regelmäßig Sport zu treiben ist gesund.

_____

2）Es ist verboten, hier zu rauchen.

_____

3）Ich habe den Wunsch, in Deutschland zu studieren.

_____

4）Hast du Lust, mit uns ins Kino zu gehen?

_____

独検にチャレンジ

4. 次の文で（　　）の中に入れるのに最も適切なものを選びなさい。 🎧▶53

1）（　　　　）die Tür zu!　　　　　　[Machen, Machst, Mach]

そのドアを閉めなさい。

2）（　　　　）Sie bitte Platz!　　　　[Nehmen, Nehme, Nimm, Nimmt]

お座りください。

3）（　　　　）bitte langsam!　　　　[Spreche, Sprich, Sprichst, Sprechen]

ゆっくり話して。

41

Lektion 10 動詞の三基本形

1 三基本形

不定詞、過去基本形、過去分詞を**動詞の三基本形**といいます。

1）規則動詞

不定詞	過去基本形	過去分詞
語幹 + -en	語幹 + -te	ge- + 語幹 + -t
lernen	lernte	gelernt
arbeiten	arbeitete	gearbeitet

ただし、-ierenで終わる動詞は過去分詞にge- を付けません。

  studieren studierte studiert

> **ミニ練習**
> ▶次の動詞の三基本形を言いなさい。
> spielen / warten / telefonieren

2）不規則動詞

不規則動詞の三基本形をいくつか挙げてみます。他は巻末の不規則動詞変化表を参照してください。また sein, haben, werden の三基本形はかならず覚えましょう。

不定詞	過去基本形	過去分詞
bringen	brachte	gebracht
denken	dachte	gedacht
kommen	kam	gekommen
sprechen	sprach	gesprochen
sein	war	gewesen
haben	hatte	gehabt
werden	wurde	geworden

3）非分離動詞 過去分詞にはge- が付きません。

  verkaufen verkaufte verkauft

  bekommen bekam bekommen

●レストランの表現① （レストランで）メニューをお願います。
Die Speisekarte, bitte! ドイツ語のメニュー（Menü）は定食のこと。

4）分離動詞

過去基本形の書き方に注意してください。

einkaufen　　　kaufte … ein　　　eingekauft

ankommen　　　kam … an　　　angekommen

② 過去形

過去基本形にしたらそれで終わりというわけにはいきません。過去形も主語の人称に応じて語尾変化をします。次のように過去人称変化します。

kaufen - kaufte		haben - hatte	
ich kaufte	wir kauften	ich hatte	wir hatten
du kauftest	ihr kauftet	du hattest	ihr hattet
er kaufte	sie kauften	er hatte	sie hatten

> **ミニ練習**
>
> ▶この課に出てきた過去基本形、また左ページのミニ練習で取り上げた動詞の過去基本
> 形を過去人称変化させましょう。

③ 現在完了形

「過去分詞 + haben」と「過去分詞 + sein」の2通りの作り方があります。

英語の「have + 過去分詞」からの連想で、ドイツ語でもすべて「過去分詞 + haben」にしてしまう間違いがよくあります。まず動詞がhaben, seinのどちらと結びつくかを考えてから、完了形を作りましょう。

1）haben支配とsein支配

大多数の動詞はhabenと結びついて完了形を作ります。

seinと結びつくのは、自動詞（4格目的語をとらない動詞）のうち、次の3つのグループです。

①**場所の移動を表す自動詞**：fahren, gehen, kommen, など

②**状態の変化を表す自動詞**：einschlafen, sterben, werden など

③**sein, bleiben** など

動詞がhaben, seinのどちらと結びついて完了形を作るかは辞書に示されています。habenと結びつく動詞は(h)、seinと結びつく動詞は(s)などと表記されています。

●レストランの表現②

Ich nehme ein Schnitzel.　：　私はシュニッツェル（カツレツ）にします。

43

2）完了不定詞

「過去分詞 + haben」、「過去分詞 + sein」を**完了不定詞**といいます。完了を作る助動詞 haben, sein を「〜した」、「〜してしまった」、「〜したことがある」のように訳すと、完了不定詞も不定詞句のように日本語と同じ語順に並んでいますね。

      読ん　　　だ   行っ　　た
  lesen：gelesen haben   fahren：gefahren sein

> **ミニ練習**
>
> ▶次の動詞の完了不定詞を言いなさい。
>
> lernen / besuchen / kommen / sein

　現在完了形の文の語順は、これまでと同じく完了不定詞を利用して、最後にくる haben, または sein を現在人称変化させ、定動詞にして第2位へ移動させます。

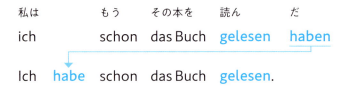

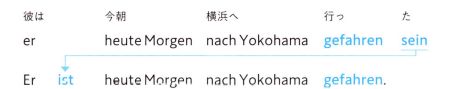

　過去の出来事を述べる場合、上の例文のように現在完了形が多く用いられます。したがって英語とは異なり、過去の一時点を示す副詞(句)をともなうこともできます。

●レストランの表現③ （ウエイターに）お勘定をお願いします。
Zahlen, bitte! 通常、支払いはテーブルで。

Übung 10

1. 次の不定詞句に（　）内の主語を付け、過去形の文にしなさい。　🎧▶55

1) schon seinen Brief bekommen （ich）

_____

2) damals sehr arm sein （er）

_____

3) gestern keine Zeit haben （wir）

_____

2. 次の不定詞句に（　）内の主語を付け、現在完了形の文にしなさい。　🎧▶56

1) deutsche Grammatik völlig vergessen （ich）

_____

2) gestern gut schlafen （du、疑問文）

_____

3) schon eine Stunde hier auf dich warten （wir）

_____

4) vorgestern schwimmen gehen （er）

_____

5) pünktlich in Frankfurt ankommen （das Flugzeug）

_____

独検にチャレンジ

3. 次の文で（　）の中に入れるのに最も適切なものを選びなさい。　🎧▶57

1) Ich habe gestern das Buch （　　　　）. ［kaufen, kauft, kaufte, gekauft］

私は昨日その本を買った。

2) Pünktlich ist der Zug in Berlin （　　　　）.

［ankommen, ankam, geankommen, angekommen］

時間通りその列車はベルリンに到着した。

4) Er （　　　　） heute Morgen um sieben Uhr aufgestanden.

［hat, ist, wird, will］

彼は今朝7時に起きました。

45

受動と再帰表現

1 受動文

1）動作受動

「**過去分詞＋werden**」をもとに作ります。英語の「be動詞＋過去分詞」からの連想で、be動詞に相当するseinを用いて、動作受動を作ってしまう間違いがよくありますから注意してください。werdenは「〜される」と訳してください。未来時制の「不定詞＋werden」との区別をしましょう。

```
配達する      配達    される
bringen : gebracht werden
```

```
新聞が                家に       配達     される
eine Zeitung         ins Haus   gebracht werden

Eine Zeitung   wird  ins Haus   gebracht.
```

・話法の助動詞をともなう場合や未来形

```
新聞が                家に       配達     される    だろう
eine Zeitung         ins Haus   gebracht werden   werden

Eine Zeitung   wird  ins Haus   gebracht werden.
```

・過去時制　werden ➡ wurde

　Eine Zeitung　wurde　ins Haus　gebracht.

ミニ練習

▶これまでに3種類のwerdenが出てきました。違いを意識して訳してみましょう。

・Er wird krank.　　　　　　　　＿＿＿＿＿＿＿＿＿＿＿＿＿＿＿＿＿

・Er wird nach Berlin fahren.　　＿＿＿＿＿＿＿＿＿＿＿＿＿＿＿＿＿

・Er wird von dem Lehrer gelobt.　＿＿＿＿＿＿＿＿＿＿＿＿＿＿＿＿＿

Auf Deutsch!　　●あいづち①　　　その通り。
　　　　　　　　　　Das stimmt!　　　短くStimmt!とも。

・現在完了形は「過去分詞 + worden + sein」をもとに作ります。
・受動態の場合、werden の過去分詞は **worden** になります。

新聞が	家に	配達	され	た
eine Zeitung	ins Haus	gebracht	worden	sein

Eine Zeitung ist ins Haus gebracht worden.

2）状態受動　「過去分詞 + sein」。動作受動の結果、生じた状態を表します。

Das Fenster ist geschlossen.　　窓は閉まっている。

3）能動文と受動文

Die Mutter schickt den Brief an den Lehrer.
　　1格　　　　　　4格

Der Brief wird von der Mutter an den Lehrer geschickt.
　1格　　　　　　3格

　能動文の **4格目的語のみ** が受動文の主語（**1格**）になります。能動文の主語は受動文では必要に応じて「von + 3格」になります。von は英語の受動文の by に相当します。

4）自動詞の受動文

　4格目的語のない能動文（自動詞の能動文）も受動文に書き換えることができます。その場合、受動文では、文脈的にふさわしい語句を文頭に置くか、非人称の es を文頭に置きます。自動詞の受動文には主語（1格）がありません。

Man tanzt hier.　　　　　ここでダンスをします。
➡ Hier wird getanzt.
　 Es wird hier getanzt.

Die Frau hilft dem alten Mann.　　その女性はその年老いた男の人を助けます。
➡ Dem alten Mann wird von der Frau geholfen.
　 Es wird dem alten Mann von der Frau geholfen.

●あいづち②
Schade!　　残念。

❷ 再帰代名詞と再帰動詞

1）再帰代名詞　主語と同一のものを示す代名詞を再帰代名詞といいます。

1格	ich	du	er, sie, es	wir	ihr	sie, Sie
3格	mir	dir	sich	uns	euch	sich
4格	mich	dich	sich	uns	euch	sich

24ページの人称代名詞と比べてみましょう。sich以外は同じですね。英語のoneselfにほぼ相当しますが、ドイツ語では英語とは比較にならないほど再帰代名詞が出てきます。kaufen「買う」という動詞は、「なにを」だけでなく「だれに」を多くの場合明示します。そこで、自分のために本を買う場合、「私は私自身に本を買う」ということになります。

　　Ich kaufe mir ein Buch.

次のような場合にも再帰代名詞が用いられます。

　　Das Mädchen sah sich im Spiegel.　　その女の子は鏡を見た。

また「座る」という動作を表すためにsetzen「座らせる」という他動詞を用いて、「自分自身を座らせる」→「座る」というように表現します。

　　Setzen Sie sich auf den Stuhl!　　イスに座りなさい。

2）再帰動詞

再帰代名詞と熟語的に結びつく動詞を**再帰動詞**といいます。辞書では、**再**, **sich**, **refl.** と表示されています。

　　Wir freuen uns *auf* die Winterferien.　　私たちは冬休みを楽しみにしている。

3）相互用法　「お互いに」の意味で用いられます。

　　Sie lieben sich.　　彼らは愛し合っている。

ミニ練習

▶次のふたつの文の違いが分かるように訳してみましょう。

・Er kauft ihm ein Buch.　＿＿＿＿＿＿＿＿＿＿＿＿＿＿＿＿＿＿

・Er kauft sich ein Buch.　＿＿＿＿＿＿＿＿＿＿＿＿＿＿＿＿＿＿

●あいづち③
Wunderbar!　　すばらしい。

Übung 11

1. 次の文を受動文に書き換えなさい。 (CD) ▶ 59

1) Wir wählen den Mann zum neuen Präsidenten.

_____

2) Der Lehrer lobte den Schüler.

_____

3) Der Mann repariert den Fernsehapparat.

_____

4) Hier raucht man nicht.

_____

2. 次の文を（　　）内の主語に変えて全文を書きなおしなさい。 (CD) ▶ 60

1) Sie putzt sich die Zähne.（ich）　_____

2) Ich lege mich auf das Bett.（das Kind）　_____

3) Wir denken nur an uns.（der Politiker）　_____

3. 次の文を日本語に訳しなさい。 (CD) ▶ 61

1) Wir freuten uns über das Geschenk.

_____

2) Ich interessiere mich für die moderne Kunst.

_____

3) Ich kann mir die Landschaft nicht vorstellen.

_____

> **独検にチャレンジ**

4. 次の文で（　　）の中に入れるのに最も適切なものを選びなさい。 (CD) ▶ 62

1) Interessierst du（　　　）für Fußball?　　　　　[dir, dich, sich, mich]
   君はサッカーに興味があるの。

2) Ich erinnere（　　　）oft an meine Heimat.　　　[mir, mich, dir, dich]
   私はよく故郷のことを思い出す。

3) Ich wasche（　　　）die Hände.　　　　　　　[mir, mich, dich, sich]
   私は手を洗う。

49

Lektion 12　接続詞と関係代名詞

❶ 並列の接続詞と従属の接続詞　

　接続詞には、並列の接続詞と従属の接続詞があります。英語の等位の接続詞（and, but, orなど）と従属の接続詞（when, if, becauseなど）に対応するものです。

　並列の接続詞（und, aber, oder, dennなど）では、接続詞が結びつけるふたつの文はそれぞれ独立し対等で、接続詞はうしろの文の語順にまったく影響を与えません。

　　　Er ist krank.　Er kommt heute nicht.
　　　↓
　　　Er ist krank und (er) kommt heute nicht.　　彼は病気です。そして彼は今日来ません。

　従属の接続詞（als, wenn, weil, dassなど）では、接続詞に導かれる副文は、**日本語と同じ語順**に並べ、いちばん最後にくる動詞または助動詞をそのままの位置で定動詞にします。これまでのように、第2位に移動させる必要はありません。第2位に移動しないのですから、分離動詞も分離しません。定動詞が文末に残ることを、**定動詞後置**（**定形後置**）といいます。

　　　　　　　　　～なので　彼は　病気　である
　　　　　　　, weil　　er　 krank　sein
　　　　　　　　　　　　　↓
　　　Er kommt heute nicht, weil　er　krank　ist.　　彼は病気なので、今日来ません。

　副文が主文の前に出ても、副文の定動詞は後置のままですが、主文の定動詞は倒置されます。副文全体を主文の1要素として考えると、主文の定動詞は倒置されることで、文全体では第2位に来ています。

　　　Weil er krank ist, kommt er heute nicht.
　　　　第1位　　　　　第2位

間接疑問文も副文ですから、語順は同じように定動詞後置になります。

　　　Ich weiß, wann der Zug abfährt.　　その列車がいつ発車するか私は知っている。

・よく使われる従属の接続詞

| als ～した時 | bevor ～する前に | da ～なので | dass ～ということ |
| ob ～かどうか | wenn ～ならば | weil ～なので | obwohl ～にも関わらず |

●問いかけ①
Wer ist das, bitte?　　こちらはどなたですか。

❷ 定関係代名詞

定関係代名詞は、主文中の先行詞によって性と数が、関係文中での役割によって格が決まります。

	m. 男性名詞	*f*. 女性名詞	*n*. 中性名詞	*pl*. 複数名詞
1格	der	die	das	die
2格	dessen	deren	dessen	deren
3格	dem	der	dem	denen
4格	den	die	das	die

次のふたつの文を定関係代名詞によって結びつけてみましょう。

私にはドイツ人の友達がいます。　Ich habe einen deutschen Freund.

彼はうまく日本語を話します。　Er spricht gut Japanisch.

まず、先行詞は Freund で、性は男性です。次に Er を関係代名詞に変えます。Er は 1 格、そこで定関係代名詞は、男性 1 格 **der** となります。**関係文は副文ですから、日本語と同じ語順になります。定動詞後置です。**

　　　　　　　　うまく　　日本語を　　　話す
関係文：**der**　gut　　Japanisch　spricht

そして、この関係文を主文の先行詞の後ろに入れます。

Ich habe einen deutschen Freund, der gut Japanisch spricht.

ミニ練習

▶次の文の（　　　）に適当な定関係代名詞を入れてみましょう。

・Ich habe einen deutschen Freund, (　　　　) ich herzlich danke.

●問いかけ②
Wie heißen Sie?　　お名前はなんですか。

英語では先行詞が「ひと」か「（ひと以外の）物」かによって定関係代名詞を決めましたが、ドイツ語では**先行詞の性と数**が重要になります。

Die Frau, die am Fenster steht, ist Ärztin.　　（女性、1格）
窓ぎわに立っている女性は医者です。

Ich lese **das Buch**, das ich gestern gekauft habe.　　（中性、4格）
私は昨日買った本を読んでいます。

Er hat **zwei Söhne**, die jetzt in Berlin wohnen.　　（複数、1格）
彼にはいまベルリンに住んでいるふたりの息子がいる。

❸ 不定関係代名詞

関係代名詞の中に先行詞を含んだものを、**不定関係代名詞**といいます。wer「～するひと」と、was「～であるもの」の2種類あります。

	1格	2格	3格	4格
ひと	wer	wessen	wem	wen
もの、こと	was			was

Wer nicht arbeitet, soll auch nicht essen.
働かざる者食うべからず。

Alles, **was** er sagt, ist nicht wahr.
彼が言っていることはどれも真実ではない。

●問いかけ③
Was kostet das?　　おいくらですか。

Auf Deutsch!

Übung 12

1．2つの文を（　　）内の接続詞を使ってつなげなさい。 CD▶64

1）Ich kann nicht kommen. Ich bin erkältet. （weil）

_____

2）Es wird Frühling. Viele Zugvögel kommen zurück. （wenn）

_____

2．次の文を（　　）内の主文につなげなさい。 CD▶65

1）Woher kommt sie? （Ich weiß nicht,）

_____

2）Wo wohnen meine Eltern jetzt? （Er fragt mich,）

_____

3．次の文の（　　）に適切な定関係代名詞を入れなさい。 CD▶66

1）Das Bild, （　　　　） an der Wand hängt, gefällt mir gut.

2）Die Frau, （　　　　） Mann gestorben ist, nennt man Witwe.

3）Der Mann, （　　　　） du Geld geliehen hast, ist nie wieder zurückgekommen.

4）Wo ist das Buch, （　　　　） ich gestern gekauft habe?

5）Hunde, （　　　　） bellen, beißen nicht.

6）Sie heiratet den jungen Mann, mit （　　　　） sie dort tanzt.

独検にチャレンジ

4．次の文の（　　）の中に入れるのに最も適切な語を選びなさい。 CD▶67

1）Was trinken Sie, Bier （　　　　） Wein? ［aber, dann, oder, und］
何を飲みますか。ビールそれともワイン。

2）Hans kommt heute nicht, （　　　　） er ist krank. ［denn, oder, weil, wenn］
ハンスは今日来ない。なにしろ病気だからね。

3）Das ist nicht blau, （　　　　） grün. ［denn, oder, sondern, und］
それは青ではなく、緑です。

53

Lektion 13 接続法

① 接続法

これまで学んできた動詞の変化形は、命令形を除いて、事実をありのまま述べる**直説法**と呼ばれるものです。この課で学ぶ**接続法**は、事実をありのまま述べるのではなく、単にひとに言われたこと（伝聞）、仮定されたこととして述べる場合に用いられる動詞の形です。接続法には**第1式**と**第2式**があります。まず、第2式について説明をします。

② 接続法第2式

直説法過去からの派生形ですが、時制が過去というわけではありません。

1) 規則動詞 直説法過去の人称変化とまったく同じです。

spielen(不定詞)→ spielte(過去基本形)

ich spielt**e**		wir spielt**en**	
du spielt**est**		ihr spielt**et**	
er spielt**e**		sie spielt**en**	

2) 不規則動詞

過去基本形の幹母音に**a, o, u**があれば**ウムラウト**させます。ただし基本形が-eで終わるものは、eを重ねません。

不定詞	gehen	kommen	sein	haben	werden	können
過去基本形	ging	kam	war	hatte	wurde	konnte
ich	ging**e**	käm**e**	wär**e**	hätt**e**	würd**e**	könnt**e**
du	ging**est**	käm**est**	wär**est**	hätt**est**	würd**est**	könnt**est**
er	ging**e**	käm**e**	wär**e**	hätt**e**	würd**e**	könnt**e**
wir	ging**en**	käm**en**	wär**en**	hätt**en**	würd**en**	könnt**en**
ihr	ging**et**	käm**et**	wär**et**	hätt**et**	würd**et**	könnt**et**
sie	ging**en**	käm**en**	wär**en**	hätt**en**	würd**en**	könnt**en**

Auf Deutsch!
●記念日の表現①
Frohe Weihnachten! メリー・クリスマス

❸ 接続法第2式の用法

接続法第2式は主に非現実の事柄を述べる非現実話法に用いられます。

> Wenn er ein Auto hätte, käme er sofort zu mir.
>
> 彼が車を持っていたら、すぐに私のところへ来るでしょう。

つまり、彼は車を持っていないので、私のところにすぐには来られない、ということです。

最近のドイツ語では、結論部分に würde（werden の接続法第2式）がよく用いられます。

> Wenn er ein Auto hätte, würde er sofort zu mir kommen.

ミニ練習

▶次の動詞の三基本形を参考にして接続法第2式を書いてみましょう。

・lernen, lernte, gelernt ＿＿＿＿＿　　・fahren, fuhr, gefahren ＿＿＿＿＿

・denken, dachte, gedacht ＿＿＿＿＿　　・können, konnte, gekonnt ＿＿＿＿＿

・mögen, mochte, gemocht ＿＿＿＿＿

［接続法第2式を用いる他の用法］

★als ob ~ :「まるで~のように」

> Er spricht Deutsch, als ob er ein Deutscher wäre.
>
> 彼はまるでドイツ人のように話す。

★外交的表現

> Ich hätte eine Bitte.
>
> お願いがあるのですが。

★前提部（wenn の入った文）だけを用いた実現不可能な願望文

> Wenn du nur Mut hättest!
>
> おまえに勇気さえあったら。

★前提部を wenn の入った文を用いずに他の語句で置き換えている場合

> An deiner Stelle würde ich das nicht tun.
>
> 君の立場なら、僕はそうしないけどな。

ミニ練習

▶次の文を接続法2式を使った文にして違いを考えましょう。

・Ich habe eine Bitte. ＿＿＿＿＿＿＿＿＿＿＿＿＿＿＿

・Kann ich Sie morgen besuchen? ＿＿＿＿＿＿＿＿＿＿＿＿＿

●記念日の表現②

Gutes Neues Jahr! 　新年おめでとう。

4 接続法第1式

直説法現在からの派生形で、動詞の語幹に次のような語尾を付け、人称変化させます。seinの変化に注意が必要ですが、他の動詞では不規則変化はありません。

	lern-en	fahr-en	helf-en	seh-en	werd-en	sei-n
ich	lerne	fahre	helfe	sehe	werde	sei
du	lernest	fahrest	helfest	sehest	werdest	sei(e)st
er	lerne	fahre	helfe	sehe	werde	sei
wir	lernen	fahren	helfen	sehen	werden	seien
ihr	lernet	fahret	helfet	sehet	werdet	seiet
sie	lernen	fahren	helfen	sehen	werden	seien

接続法第1式は主に間接話法に用いられます。それは、人が言ったことは事実かどうかわからないからです。たとえば、政治家などが「私は賄賂など決して受け取っていない」とか「記憶にございません」とか「病気で国会に行けません」とか発言したとき、その発言内容が本当かどうかあやしい場合がよくありますね。そこで、ある人が言ったことを間接的に伝える場合、これはあくまでもある人が言ったことで、事実かどうかはわからないですよ、というわけです。

Der Politiker sagte: „Ich bin krank."　　　　　　　　　　［直接話法］
Der Politiker sagte, er sei krank.　　　　　　　　　　　　［間接話法］
Meine Freundin sagt immer: „Ich liebe dich sehr."　　　［直接話法］
Meine Freundin sagt immer, sie liebe mich sehr.　　　　［間接話法］

[接続法第1式を用いる他の用法]

★要求話法

Lang lebe die Königin!
女王様、万歳！

Die Figur ABC sei ein gleichseitiges Dreieck.
図形ＡＢＣは正三角形とします。

●記念日の表現③
Herzlichen Glückwunsch zum Geburtstag!　誕生日おめでとう。

56

Übung 13

1. 次の(　)内の動詞または助動詞を接続法第2式に直しなさい。 (CD) ▶69

1） Wenn ich genug Geld (haben), (fahren) ich im Urlaub in die Schweiz.

2） Wenn er doch hier (sein), (werden) wir ihm helfen.

3） Wenn du noch fleißiger (arbeiten), (können) du die Prüfung bestehen.

4） Wenn ich ihre Adresse (wissen), (schreiben) ich ihr gleich.

5） Wenn wir heute nicht arbeiten (müssen), (gehen) wir mit dir ins Disneyland.

2. 次の文を日本語に訳しなさい。 (CD) ▶70

1） Könnten Sie mich morgen anrufen?

_____

2） Ich hätte gern ein Zimmer mit Bad.

_____

3） An deiner Stelle hätte ich nicht nein gesagt.

_____

4） Er tut, als ob er nichts hören könnte.

_____

5） Was möchten Sie trinken?

_____

独検にチャレンジ

3. 次の文で(　)の中に入れるのに最も適切なものを選びなさい。 (CD) ▶71

1）（　　　　） Sie das Fenster zumachen?　　　[Könnte, Kann, Könnten, Kannst]
その窓を閉めていただけませんか。

2） Ich （　　　　） gern eine Tasse Kaffee.　　　[hätte, wäre, hätten, wären]
コーヒーを一杯ください。

3） Ich （　　　　） Herrn Hoffmann sprechen.　　[mag, möge, möchte, möchten]
ホフマンさんにお目にかかりたいのですが。

57

巻末付録

◉日常のあいさつ　CD▶72

Guten Morgen!	おはよう！
Guten Tag!	こんにちは！
Guten Abend!	こんばんは！
Gute Nacht!	おやすみ！
Grüß Gott!	（南ドイツ、オーストリアで）こんにちは！
Auf Wiedersehen!	さようなら
Tschüs!	バイバイ
Bis morgen!	またあした
Wie geht es Ihnen?	お元気ですか？
Danke, gut. Und Ihnen?	元気です。あなたは？
Wie geht's?	元気？
Danke, gut. Und dir?	元気だよ。君は？

◉疑問詞のある疑問文　CD▶73

Wie heißen Sie?
お名前は？

Ich heiße Shohei Ohtani.
私の名は大谷翔平です。

Woher kommen Sie?
ご出身は？

Ich komme aus Japan.
日本から来ました。

Wo wohnen Sie?
どこに住んでいますか？

Ich wohne in Tokyo.
東京に住んでいます。

Was sind Sie von Beruf?
ご職業は何ですか。

Ich bin Student.
学生です。（男性）

Was machen Sie?
ご職業は何ですか。

Ich bin Studentin.
学生です。（女性）

Was studieren Sie?
専攻は何ですか。

Ich studiere Physik.
物理学専攻です。

Wie alt sind Sie?
おいくつですか。

Ich bin zwanzig Jahre alt.
20歳です。

Wie viele Kinder haben Sie?
お子さんは何人いらっしゃいますか。

Ich habe einen Sohn und eine Tochter.
息子がひとりと娘がひとりです。

Wer ist das?
これは誰ですか。

Was ist das?
これは何ですか。

◉感謝とお詫び

Danke!	ありがとう。
Danke schön! / Vielen Dank!	ありがとうございます。
Bitte schön! / Gern geschehen!	どういたしまして。
Entschuldigung! / Verzeihung! Entschuldigen Sie! / Verzeihen Sie!	すみません。ごめんなさい。
Macht nichts.	なんでもありません。
Es tut mir leid!	残念です。

◉聞き返す

Wie bitte?	何ですか。
Noch einmal bitte!	もう一度お願いします。

◉否定疑問文

Haben Sie Zeit?	お時間はありますか。
Ja, ich habe Zeit.	はい、時間はあります。
Nein, ich habe leider keine Zeit.	いいえ、残念ながら時間がありません。
Haben Sie keine Zeit?	お時間はないですか。
Doch, ich habe Zeit.	いいえ、時間はあります。
Nein, ich habe leider keine Zeit.	はい、残念ながら時間がありません。

◉場所の聞き方と答え方

Entschuldigung, wo ist der Bahnhof?	すみませんが、駅はどこですか。
Gehen Sie hier geradeaus!	ここをまっすぐ行ってください。
Wo ist hier die Toilette?	ここのトイレはどこですか。
Gehen Sie links um die Ecke!	その角を左に行ってください。
Wie komme ich zum Hauptbahnhof?	中央駅にはどのように行きますか。
Gehen Sie rechts um die Ecke!	その角を右に行ってください。
Gibt es hier in der Nähe ein Kaufhaus?	この近くにデパートはありますか。

◉時刻の言い方

Wie spät ist es jetzt?	いま何時ですか。
Es ist neun Uhr.	9時です。
Es ist zehn nach neun./Es ist neun Uhr zehn.	9時10分です。
Es ist viertel nach neun./Es ist neun Uhr fünfzehn.	9時15分です。
Es ist halb zehn./Es ist neun Uhr dreißig.	9時半です。
Es ist viertel vor zehn./Es ist neun Uhr fünfund vierzig.	9時45分です。

◉ホテルで ▶79

Haben Sie ein Einzelzimmer frei?	シングルは空いていますか。
Haben Sie noch ein Doppelzimmer frei?	まだツインは空いていますか。
Wie viel kostet das Zimmer? / Was kostet das Zimmer?	その部屋はいくらですか。
Wann ist das Frühstück?	朝食は何時ですか。

◉レストランで ▶80

Die Speisekarte, bitte!	メニューをください。
Was möchten Sie? / Was nehmen Sie?	何になさいますか。
Was empfehlen Sie?	おすすめは何ですか。
Ich nehme ein Schnitzel.	カツレツを1つ。
Hat es Ihnen geschmeckt?	味はいかがでしたか。
Zahlen bitte! / Die Rechnung bitte!	会計をお願いします。
Zusammen oder getrennt?	会計は一緒ですか、別々ですか。

◉電話で ▶81

Hier spricht Ohtani.	（電話口で）オータニと申します。
Kann ich Herrn Saito sprechen?	サイトーさんとお話しできますか。
Am Apparat./Bitte bleiben Sie am Apparat.	そのままでお待ちください。
Auf Wiederhören!	ではまた。

◉年号 ▶82

neunzehnhundertfünfundvierzig	1945
neunzehnhundertneunundachtzig	1989
zweitausend	2000
zweitausendeins	2001
zweitausendneunzehn	2019

◉四季 ▶83

der Frühling	春
der Sommer	夏
der Herbst	秋
der Winter	冬

◉月 ▶84

der Janur	1月	*der* Februar	2月
der März	3月	*der* April	4月
der Mai	5月	*der* Juni	6月
der Juli	7月	*der* August	8月
der September	9月	*der* Oktober	10月
der November	11月	*der* Dezember	12月

◉曜日 ▶85

der Montag	月曜日	*der* Dienstag	火曜日
der Mittwoch	水曜日	*der* Donnerstag	木曜日
der Freitag	金曜日	*der* Samstag	土曜日
der Sonntag	日曜日		

◉主な祝日 ▶86

Neujahr	新年	Ostern	イースター
Maifeiertag	メーデー	Tag der Deutschen Einheit	ドイツ統一の日
Weihnachten	クリスマス		

◉値段をたずねる ▶87

Wie viel kostet das? / Was kostet das?	値段はいくらですか。
Das kostet €2,20.	2ユーロ20セントです。

◉ことわざ ▶88

Zeit ist Geld.	時は金なり。
Kommt Zeit, kommt Rat.	待てば海路の日和あり。
Der Apfel fällt nicht weit vom Stamm.	瓜のつるになすびはならぬ。
Stille Wasser sind tief.	思慮のある人は口数が少ない。
Hunger ist der beste Koch.	すき腹にまずいものなし。
Reden ist Silber, Schweigen ist Gold.	雄弁は銀、沈黙は金。

61

◉職業 CD▶89

der Arzt / *die* Ärztin	医者	*der* Beamte / *die* Beamte	公務員
der Ingenieur / *die* Ingenieurin	エンジニア	*der* Lehrer / *die* Lehrerin	教師
der Sekretär / *die* Sekretärin	秘書	*der* Schüler / *die* Schülerin	生徒

◉家族 CD▶90

die Familie	家族	*der* Vater	父
die Mutter	母	*die* Eltern	両親
der Großvater	祖父	*die* Großmutter	祖母
der Sohn	息子	*die* Tochter	娘
die Kinder	子供たち	*der* Bruder	兄、弟
die Schwester	姉、妹	*der* Enkel	孫
der Onkel	おじ	*die* Tante	おば
mein Mann	夫	meine Frau	妻

◉色 CD▶91

weiß	白	schwarz	黒
rosa	ピンク	rot	赤
gelb	黄	grün	緑
blau	青	violett	紫
braun	茶色	grau	灰色
dunkel	暗い	hell	明るい

◉建物 CD▶92

der Bahnhof	駅	*das* Gymnasium	体育館
das Kaufhaus	デパート	*das* Kino	映画館
das Krankenhaus	病院	*die* Mensa	学食
die Polizei	警察署	*die* Post	郵便局
das Restaurant	レストラン	*die* Schule	学校
der Supermarkt	スーパー	*das* Theater	劇場
die Uni	大学		

著者紹介
吉原高志（よしはら　たかし）
　関東学院大学教授
中川　浩（なかがわ　ひろし）
　日本大学理工学部非常勤講師

モルゲン　初級ドイツ語教室（CD付）

2019年 2 月10日　第 1 刷 発 行
2023年 3 月10日　第 3 刷 発 行

著　者 ©　　吉　原　高　志
　　　　　　中　川　　　浩
発行者　　岩　堀　雅　己
印刷所　　株式会社梨本印刷

発行所　101-0052東京都千代田区神田小川町3の24
　　　　電話 03-3291-7811（営業部），7821（編集部）　　　株式会社 白水社
　　　　www.hakusuisha.co.jp
　　　　乱丁・落丁本は，送料小社負担にてお取り替えいたします。

振替 00190-5-33228　　　　　　　　　　　　　株式会社島崎製本

ISBN978-4-560-06425-2

Printed in Japan

▷本書のスキャン、デジタル化等の無断複製は著作権法上での例外を
除き禁じられています。本書を代行業者等の第三者に依頼してスキャ
ンやデジタル化することはたとえ個人や家庭内での利用であっても著
作権法上認められていません。

◆ 独和と和独が一冊になったハンディな辞典 ◆

パスポート独和・和独小辞典

諏訪 功 [編集代表] 太田達也／久保川尚子／境 一三／三ッ石祐子 [編集]

独和は見出し語数1万5千の現代仕様．新旧正書法対応で，発音はカタカナ表記．和独5千語は新語・関連語・用例も豊富．さらに図解ジャンル別語彙集も付く．学習や旅行に便利．（2色刷）B小型　557頁　定価3520円（本体3200円）

入門書・初級文法書

ドイツ語のしくみ《新版》
清野智昭 著
B6変型　146頁　定価1430円（本体1300円）

言葉には「しくみ」があります．まず大切なのは全体を大づかみに理解すること．最後まで読み通すことができる画期的な入門書！

わたしのドイツ語 32のフレーズでこんなに伝わる
田中雅敏 著　　　（2色刷）【CD付】
A5判　159頁　定価1870円（本体1700円）

32のフレーズだけで気持ちが伝え合える！「わたし」と「あなた」の表現だけだから，すぐに使える．前代未聞のわかりやすさの「超」入門書！

スタート！ドイツ語A1
岡村りら／矢羽々崇／山本 淳／渡部重美／アンゲリカ・ヴェルナー 著（2色刷）【CD付】
A5判　181頁　定価2420円（本体2200円）

買い物や仕事，身近なことについて，簡単な言葉でコミュニケーションすることができる．全世界共通の語学力評価基準にのっとったドイツ語入門書．全18ユニット．音声無料ダウンロード．

スタート！ドイツ語A2
岡村りら／矢羽々崇／山本 淳／渡部重美／アンゲリカ・ヴェルナー 著（2色刷）
A5判　190頁　定価2640円（本体2400円）

短い簡単な表現で身近なことを伝えられる．話す・書く・聞く・読む・文法の全技能鍛える，新たな言語学習のスタンダード（ヨーロッパ言語共通参照枠）準拠．音声無料ダウンロード．

必携ドイツ文法総まとめ（改訂版）
中島悠爾／平尾浩三／朝倉 巧 著（2色刷）
B6判　172頁　定価1760円（本体1600円）

初・中級を問わず座右の書！　初学者の便を考え抜いた文法説明や変化表に加え，高度の文法知識を必要とする人の疑問にも即座に答えるハンドブック．

1日15分で基礎から中級までわかる みんなのドイツ語
荻原耕平／畠山 寛 著（2色刷）
A5判　231頁　定価2420円（本体2200円）

大きな文字でドイツ語の仕組みを1から解説．豊富な例文と簡潔な表でポイントが一目でわかる．困ったときに頼りになる一冊．

問題集

書き込み式 ドイツ語動詞活用ドリル
櫻井麻美 著
A5判　175頁　定価1320円（本体1200円）

動詞のカタチを覚えることがドイツ語学習の基本．この本はよく使う基本動詞，話法の助動詞のすべての活用を網羅した初めての1冊．

ドイツ語練習問題3000題（改訂新版）
尾崎盛景／稲田 拓 著
A5判　194頁　定価1980円（本体1800円）

ドイツ語の基本文法，作文，訳読をマスターするための問題集．各課とも基礎問題，発展問題，応用問題の3段階式で，学習者の進度に合わせて利用可能．

つぶやきのドイツ語 1日5題文法ドリル
筒井友弥 著
四六判　237頁　定価1980円（本体1800円）

ツイッターから生まれた肩の凝らないドイツ語練習問題集．ひとつのテーマを5日間で完成．ヒントや文法のおさらい付き．全50課．

単語集

例文活用 ドイツ重要単語4000
（改訂新版）羽鳥重雄／平塚久裕 編（2色刷）
B小型　206頁　定価2200円（本体2000円）

abc順配列の第一部では使用頻度の高い簡明な例文を付し，第二部では基本語・関連語を45場面ごとにまとめて掲げました．初級者必携．

検定対策

独検対策 4級・3級問題集（四訂版）
恒吉良隆 編著　　　　　　　【CD2枚付】
A5判　195頁　定価2530円（本体2300円）

過去問の出題傾向を分析し，学習のポイントと類題で必要な文法事項をマスターする，ベストセラーの最新版．基本単語1700語付．

新 独検対策4級・3級必須単語集
森 泉／クナウプ ハンス・J 著【CD2枚付】
四六判　223頁　定価2530円（本体2300円）

独検4級・3級に必要な基本単語が300の例文で確認できます．付属CDには各例文のドイツ語と日本語を収録．聞き取り練習も用意．

重版にあたり，価格が変更になることがありますので，ご了承ください．

不規則変化動詞

不　定　詞	過去基本形	過　去　分　詞	直説法現在	接　続　法 II
befehlen 命じる	**befahl**	**befohlen**	ich befehle du befiehlst er befiehlt	beföhle/ befähle
beginnen 始める, 始まる	**begann**	**begonnen**		begänne/ 稀 begönne
beißen 噛む	**biss** du bissest	**gebissen**		bisse
biegen 曲がる(s); 曲げる(h)	**bog**	**gebogen**		böge
bieten 提供する	**bot**	**geboten**		böte
binden 結ぶ	**band**	**gebunden**		bände
bitten 頼む	**bat**	**gebeten**		bäte
blasen 吹く	**blies**	**geblasen**	ich blase du bläst er bläst	bliese
bleiben とどまる(s)	**blieb**	**geblieben**		bliebe
braten (肉を)焼く	**briet**	**gebraten**	ich brate du brätst er brät	briete
brechen 破れる(s); 破る(h)	**brach**	**gebrochen**	ich breche du brichst er bricht	bräche
brennen 燃える, 燃やす	**brannte**	**gebrannt**		brennte
bringen もたらす	**brachte**	**gebracht**		brächte
denken 考える	**dachte**	**gedacht**		dächte
dringen 突き進む(s)	**drang**	**gedrungen**		dränge

不 定 詞	過去基本形	過 去 分 詞	直説法現在	接 続 法 II
dürfen …してもよい	**durfte**	**gedurft/** **dürfen**	ich darf du darfst er darf	dürfte
empfehlen 勧める	**empfahl**	**empfohlen**	ich empfehle du empfiehlst er empfiehlt	empföhle/ empfähle
essen 食べる	**a̱ß**	**gegessen**	ich esse du isst er isst	ä̱ße
fahren (乗物で)行く (s, h)	**fuhr**	**gefahren**	ich fahre du fährst er fährt	führe
fallen 落ちる(s)	**fiel**	**gefallen**	ich falle du fällst er fällt	fiele
fangen 捕える	**fing**	**gefangen**	ich fange du fängst er fängt	finge
finden 見つける	**fand**	**gefunden**		fände
fliegen 飛ぶ(s, h)	**flo̱g**	**geflo̱gen**		flöge
fliehen 逃げる(s)	**floh**	**geflohen**		flöhe
fließen 流れる(s)	**floss**	**geflossen**		flösse
fressen (動物が)食う	**fra̱ß**	**gefressen**	ich fresse du frisst er frisst	frä̱ße
frieren 寒い, 凍る (h, s)	**fro̱r**	**gefro̱ren**		frö̱re
geben 与える	**ga̱b**	**gege̱ben**	ich gebe du gi̱bst er gi̱bt	gä̱be
gehen 行く(s)	**ging**	**gegangen**		ginge
gelingen 成功する(s)	**gelang**	**gelungen**	es gelingt	gelänge
gelten 通用する	**galt**	**gegolten**	ich gelte du giltst er gilt	gälte/ gölte

不 定 詞	過去基本形	過 去 分 詞	直説法現在	接 続 法 II
genießen 楽しむ	**genoss** du genossest	**genossen**		genösse
geschehen 起こる (s)	**geschah**	**geschehen**	es geschieht	geschähe
gewinnen 得る	**gewann**	**gewonnen**		gewönne/ gewänne
gießen 注ぐ	**goss** du gossest	**gegossen**		gösse
gleichen 等しい	**glich**	**geglichen**		gliche
graben 掘る	**grub**	**gegraben**	ich grabe du gräbst er gräbt	grübe
greifen つかむ	**griff**	**gegriffen**		griffe
haben 持っている	**hatte**	**gehabt**	ich habe du hast er hat	hätte
halten 保つ	**hielt**	**gehalten**	ich halte du hältst er hält	hielte
hängen 掛かっている	**hing**	**gehangen**		hinge
heben 持ちあげる	**hob**	**gehoben**		höbe
heißen …と呼ばれる	**hieß**	**geheißen**		hieße
helfen 助ける	**half**	**geholfen**	ich helfe du hilfst er hilft	hülfe/ 稀 hälfe
kennen 知っている	**kannte**	**gekannt**		kennte
klingen 鳴る	**klang**	**geklungen**		klänge
kommen 来る (s)	**kam**	**gekommen**		käme

不　定　詞	過去基本形	過　去　分　詞	直説法現在	接　続　法 II
können …できる	**konnte**	**gekonnt/** **können**	ich kann du kannst er kann	könnte
kriechen はう (s)	**kroch**	**gekrochen**		kröche
laden 積む	**lud**	**geladen**	ich lade du lädst er lädt	lüde
lassen …させる, 放置する	**ließ**	**gelassen/** **lassen**	ich lasse du lässt er lässt	ließe
laufen 走る, 歩く (s, h)	**lief**	**gelaufen**	ich laufe du läufst er läuft	liefe
leiden 苦しむ	**litt**	**gelitten**		litte
leihen 貸す, 借りる	**lieh**	**geliehen**		liehe
lesen 読む	**las**	**gelesen**	ich lese du liest er liest	läse
liegen 横たわっている	**lag**	**gelegen**		läge
lügen 嘘をつく	**log**	**gelogen**		löge
meiden 避ける	**mied**	**gemieden**		miede
messen 計る	**maß**	**gemessen**	ich messe du misst er misst	mäße
mögen 好む	**mochte**	**gemocht/** **mögen**	ich mag du magst er mag	möchte
müssen …しなければ ならない	**musste**	**gemusst/** **müssen**	ich muss du musst er muss	müsste
nehmen 取る	**nahm**	**genommen**	ich nehme du nimmst er nimmt	nähme
nennen 名づける	**nannte**	**genannt**		nennte

不 定 詞	過去基本形	過 去 分 詞	直説法現在	接 続 法 II
preisen 称賛する	**pries**	**gepriesen**		priese
raten 助言する	**riet**	**geraten**	ich rate du rätst er rät	riete
reißen 裂ける (s); 裂く (h)	**riss** du rissest	**gerissen**		risse
reiten 馬で行く (s, h)	**ritt**	**geritten**		ritte
rennen 駆ける (s)	**rannte**	**gerannt**		rennte
riechen におう	**roch**	**gerochen**		röche
rufen 呼ぶ, 叫ぶ	**rief**	**gerufen**		riefe
schaffen 創造する	**schuf**	**geschaffen**		schüfe
scheiden 分ける	**schied**	**geschieden**		schiede
scheinen 輝く, …に見える	**schien**	**geschienen**		schiene
schelten 叱る	**schalt**	**gescholten**	ich schelte du schiltst er schilt	schölte
schieben 押す	**schob**	**geschoben**		schöbe
schießen 撃つ, 射る	**schoss** du schossest	**geschossen**		schösse
schlafen 眠る	**schlief**	**geschlafen**	ich schlafe du schläfst er schläft	schliefe
schlagen 打つ	**schlug**	**geschlagen**	ich schlage du schlägst er schlägt	schlüge
schließen 閉じる	**schloss** du schlossest	**geschlossen**		schlösse

不 定 詞	過去基本形	過 去 分 詞	直説法現在	接 続 法 II
schneiden 切る	**schnitt**	**geschnitten**		schnitte
***er*schrecken** 驚く	**erschr<u>a</u>k**	**erschrocken**	ich erschrecke du erschrickst er erschrickt	erschr<u>ä</u>ke
schreiben 書く	**schrieb**	**geschrieben**		schriebe
schreien 叫ぶ	**schrie**	**geschrie[e]n**		schriee
schreiten 歩む(s)	**schritt**	**geschritten**		schritte
schweigen 黙る	**schwieg**	**geschwiegen**		schwiege
schwimmen 泳ぐ(s, h)	**schwamm**	**geschwommen**		schwömme/ schwämme
schw<u>ö</u>ren 誓う	**schw<u>o</u>r**	**geschw<u>o</u>ren**		schw<u>ü</u>re/ 稀 schw<u>ö</u>re
sehen 見る	**sah**	**gesehen**	ich sehe du siehst er sieht	sähe
sein ある, 存在する	**w<u>a</u>r**	**gew<u>e</u>sen**	直説法現在　　接続法 I ich bin　　　sei du bist　　　sei[e]st er ist ·　　　sei wir sind　　seien ihr seid　　　seiet sie sind　　seien	wäre
senden 送る	**sandte/** **sendete**	**gesandt/** **gesendet**		sendete
singen 歌う	**sang**	**gesungen**		sänge
sinken 沈む(s)	**sank**	**gesunken**		sänke
sitzen 座っている	**s<u>a</u>ß**	**gesessen**		s<u>ä</u>ße
sollen …すべきである	**sollte**	**gesollt/** **sollen**	ich soll du sollst er soll	sollte

不定詞	過去基本形	過去分詞	直説法現在	接続法 II
sprechen 話す	**sprach**	**gesprochen**	ich spreche du sprichst er spricht	spräche
springen 跳ぶ(s, h)	**sprang**	**gesprungen**		spränge
stechen 刺す	**stach**	**gestochen**	ich steche du stichst er sticht	stäche
stehen 立っている	**stand**	**gestanden**		stünde/ stände
stehlen 盗む	**stahl**	**gestohlen**	ich stehle du stiehlst er stiehlt	stähle/ 稀 stöhle
steigen 登る(s)	**stieg**	**gestiegen**		stiege
sterben 死ぬ(s)	**starb**	**gestorben**	ich sterbe du stirbst er stirbt	stürbe
stoßen 突く(h); ぶつかる(s)	**stieß**	**gestoßen**	ich stoße du stößt er stößt	stieße
streichen なでる	**strich**	**gestrichen**		striche
streiten 争う	**stritt**	**gestritten**		stritte
tragen 運ぶ	**trug**	**getragen**	ich trage du trägst er trägt	trüge
treffen 出会う	**traf**	**getroffen**	ich treffe du triffst er trifft	träfe
treiben 駆りたてる	**trieb**	**getrieben**		triebe
treten 踏む(h); 歩む(s)	**trat**	**getreten**	ich trete du trittst er tritt	träte
trinken 飲む	**trank**	**getrunken**		tränke
tun する, 行う	**tat**	**getan**		täte

不 定 詞	過去基本形	過 去 分 詞	直説法現在	接 続 法 II
verderben だめになる(s); だめにする(h)	**verdarb**	**verdorben**	ich verderbe du verdirbst er verdirbt	verdürbe
vergessen 忘れる	**vergaß**	**vergessen**	ich vergesse du vergisst er vergisst	vergäße
verlieren 失う	**verlor**	**verloren**		verlöre
wachsen 成長する(s)	**wuchs**	**gewachsen**	ich wachse du wächst er wächst	wüchse
waschen 洗う	**wusch**	**gewaschen**	ich wasche du wäschst er wäscht	wüsche
weisen 指示する	**wies**	**gewiesen**		wiese
wenden 向きを変える	**wandte/ wendete**	**gewandt/ gewendet**		wendete
werben 募集する	**warb**	**geworben**	ich werbe du wirbst er wirbt	würbe
werden …になる(s)	**wurde**	**geworden/ 受動 worden**	ich werde du wirst er wird	würde
werfen 投げる	**warf**	**geworfen**	ich werfe du wirfst er wirft	würfe
wiegen 重さを量る	**wog**	**gewogen**		wöge
wissen 知っている	**wusste**	**gewusst**	ich weiß du weißt er weiß	wüsste
wollen 欲する	**wollte**	**gewollt/ wollen**	ich will du willst er will	wollte
ziehen 引く(h); 移動する(s)	**zog**	**gezogen**		zöge
zwingen 強制する	**zwang**	**gezwungen**		zwänge